한국 불교의 큰 스승

# 허응당 보우

한국 불교의 큰 스승

# 허응당 보우

박영기 지음

한길사

한국 불교의 큰 스승
# 허응당 보우

지은이 · 박영기
펴낸이 · 김언호
펴낸곳 · (주)도서출판 한길사

등록 · 1976년 12월 24일 제74호
주소 · 413-756 경기도 파주시 광인사길 17
www.hangilsa.co.kr
E-mail: hangilsa@hangilsa.co.kr
전화 · 031-955-2000~3 팩스 · 031-955-2005

상무이사 · 박관순 | 총괄이사 · 곽명호
영업담당이사 · 이경호 | 관리이사 · 김서영 | 경영기획이사 · 김관영
기획편집 · 박희진 안민재 김지연 | 전산 · 김현정
마케팅 · 윤민영 | 관리 · 이중환 문주상 김선희 원선아

CTP 출력 및 인쇄 · 한영문화사 | 제본 · 한영제책사

제1판 제1쇄 2013년 10월 2일

값 15,000원
ISBN 978-89-356-6897-7 03990

이 도서의 국립중앙도서관 출판시도서목록(CIP)은
e-CIP홈페이지(http://www.nl.go.kr/ecip)에서 이용하실 수 있습니다.
(CIP제어번호 : CIP2013018792)

# 불교 중흥과 엇갈린 평가

• 증보판에 부치는 글

이른바 숭유억불崇儒抑佛로 특징지어지는 조선시대에는 국가의 불교 말살 정책에 의해 사찰과 종파가 강제로 통폐합되고, 혹독한 탄압과 배척이 지속적으로 가해졌다. 그 결과 불교 교단은 거의 황폐화될 정도로 크나큰 타격을 받았다. 그러나 그 어려운 시기에도 1,000여 년 동안 이 땅에 뿌리내린 불교는 그 저력을 바탕으로 암암리에 민족의 종교적인 역할을 수행하며 연면히 이어져 새로운 시대를 밝힐 불법의 등불을 간직하고 있었다.

그 암흑기에 불교 중흥에 앞장서며 이후 한국 불교의 명맥을 잇게 한 사람이 있었으니, 바로 보우대사였다. 그러나 안타깝게도 그는 유생들에게 억울한 누명을 쓰고 요승妖僧으로 몰려 끝내는 제주에 유배되어 순교하는 비운을 당하게 되었을 뿐 아니라, 이후 400년이 지나도록 일방적인 자료로만 매도되어 올바른 평가를 받지 못했다. 최근에 이르러서야 비로소『허응당집』을 비롯한 저술들이 다시 빛을 보게 되었고, 그 글들이 세상에 드러나면서 대사의 진정한 면모가 밝혀지게 되었으니, 참으로 다행한 일이 아닐 수 없다.

필자는 지난 2000년 4월, 한길사에서 간행된『순교자 보우선사』를 통해서 그동안의 연구 성과를 토대로 대사의 생애와 사상 전반에 대하여 조명하였다. 당시 책을 내고 나서는 어느 정도 정리했다고 생각하였으나, 시간이 지나면서 점점 더 부족함을 느끼게 되어 언젠가는 보완해야겠다는 생각을 떨칠 수 없었다. 그러던 차에 지난 해 여름, 보우대사 동상과 봉은탑 건립 불사를 발원하고 불철주야 애쓰시는 봉은사 진화 주지 스님을 만나 뵙게 되었다. 그 소중한 인연으로 이 책을 새롭게 펴내게 된 것이다.

이번 증보판은 몇 가지 내용을 보완하였다. 첫째, 보우대사의 생년을 1510년으로 정확히 밝혔다. 그동안 대사의 생년이 확실하게 고증되지 않아 정확한 연보를 만들 수 없었는데, 독자였던 한림대학교 전자물리학과 안영직 교수가 여러 자료들을 보내주어서 대사의 생년을 밝히게 되었고, 이를 통해 모든 자료들의 시점을 분명하게 작성할 수 있게 되었다.

둘째, 당대 유학을 대표한 대학자 퇴계 선생의 기록을 통해서 불교와 보우대사에 대한 견해들을 추가했다. 필자는 우연히 『퇴계 선생 문집』을 보다가 눈이 번쩍 뜨였다. 당시 보우대사에 대한 연구를 1차 마무리는 했지만 아직도 풀어야 할 막연한 것들이 많이 남아 있었는데, 우연히 책을 보던 중 의외의 사실을 발견했던 것이다.

퇴계 선생이 당시 유림의 최고 지도자의 역할을 수행하던 때, 동시대에 불교계를 대표하던 보우대사는 유림들로부터 요승으로 배척받으며 가장 어려운 때를 겪고 있었다. 그런데 전국의 유생들이 일제히 일어나 보우를 죽이라고 상소할 때에 뜻밖에도 퇴계가 앞장서서 이들의 행동을 만류하며 반대 의사를 분명히 표명하였던 것이다.

필자는 퇴계 선생이 무엇 때문에 유생들의 비난을 무릅쓰고 이단의 대표자격인 보우대사의 치죄를 반대하였는지 큰 의문이 아닐 수 없었다. 이

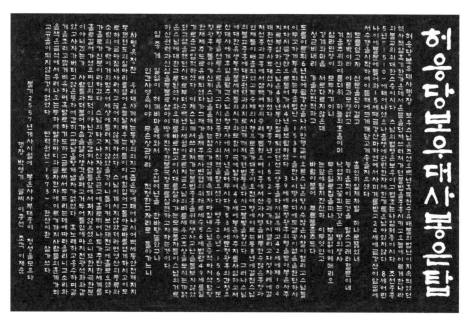

봉은사 봉은탑에 새로 새겨진 허응당 보우대사 행장.
보우대사는 숭유억불의 암흑기에 불교 중흥을 이끈 큰 스승이었다.

의문을 조금이나마 풀어보기 위해서 퇴계 선생이 반대한 근본 이유를 밝혀 보았다.

마지막으로, 천학둔재의 근기로 대사의 심심한 법문을 제대로 볼 수 없었는데, 들으면 들을수록 대사의 법은 한없는 부동의 자리로 느껴졌다. 허망한 마음으로 명자名字만을 분별해서는 도저히 알 수 없는 자리이건만 천단淺短의 좁은 소견을 무릅쓰고 다시 보완하고 정리해보았다.

450여 년 전 대사께서 부처님의 법등을 다시 밝히고자 하신 간절한 염원과 위법망구爲法忘軀의 순교가 없었더라면 오늘날 과연 우리가 부처님의 지혜 광명 소식을 들을 수 있었겠는가.

## 선사를 그리며 憶先師

하늘이 큰 스승 내어 불등佛燈 밝혀지니
시방세계 두루 적셔 중생들 깨우치네.
종장宗匠들 연이어 나와 법림法林은 기뻐하고
선禪, 교敎가 다시 일어나니 조야朝野가 놀라도다

공자와 석가, 회통한 이 한 물건은
인仁, 적寂이 원융한 허응虛應의 울림이라.
허깨비로 한바탕 희롱한 일, 그 누가 알겠는가
봉은사 삼경에 풍경소리 맑구나.

天降大德佛燈明　普雨十方衆萌惺
踊出宗匠法林悅　中興禪敎朝野驚
會通孔釋此一物　圓融仁寂虛應鳴
幻作戱狂誰能知　奉恩三更風磬淸

허응당 보우대사 순교입적 448주기
2013년 가을
일정재一正齋에서 삼가 쓰다.

8

# 차례

# 1 고난의 역사

길가 옛 암자,
늘 텅 비어 나그네 괴롭히네.
헐어진 섬돌엔 등덩굴이 뻗어나고,
차가운 뜰에는 긴 풀만 우거졌네.
금부처님 얼굴엔 먼지 덮이고,
물통엔 낙엽만 가득 하네.
푸른 하늘 우러르며 탄식하고 서 있으니,
천 봉우리 석양빛 붉게 비치네.

## 척불의 시기에 법등을 다시 밝힌 허응당 보우대사

허응당 보우대사는 미증유의 법난法難이 지속되던 조선 중기에, 천길 벼랑 끝에 우뚝 서서 위법망구爲法忘軀의 대 원력으로 척불의 거센 폭풍우를 막아 스러져가던 부처님의 법등을 대 광명으로 다시 밝힌 우리의 성스러운 스승이다.

대사의 호는 보우普虛, 나암懶庵이며, 당호는 허응당虛應堂이다. 대사는 조선조 중종 5년1510에 이 땅에 태어났다. 출생과 관련한 기록이 남아 있지 않아 자세히 상고할 수 없으나, 8세 어린나이에 불문에 들어와 15세에 금강산 마하연에서 비구계를 받고 24세에 금강산에 들어가 이암굴利巖窟에서 수도를 시작하여 홀연히 크게 깨달았다.

입산 6년 만에 유각 길에 오른 대사는 당시 수많은 사찰을 헐어버리는 무술법난戊戌法難, 1538, 중종 33년을 만나, 어디에도 갈 곳이 없음을 한탄하며 참담한 심정으로 피눈물을 흘리고 이듬해 봄에 다시 금강에 입산하여 4년간 보림保任하였다.

39세1548, 명종 3년에 문정왕후의 명을 받아 봉은사 주지로 부임하였고, 이후 48년 만에 선교 양종을 다시 일으켜 42세에 104대 판선종사도대선사判禪宗事都大禪師가 되었다. 명종 7년1552부터 승과僧科가 다시 열리고 선종과 교종에서 300여 명의 대선大選을 선발하여 서산, 사명을 비롯한 수많은 종장들이 배출되었으며, 도승제度僧制를 시행하여 5,000여 명의 스님을 양성하였다.

보우대사가 8년간 일으킨 대불사로 불교계는 일신하였으나, 척불세력들의 모함이 극에 달하여 대사는 요승妖僧이라는 누명을 쓰고 온갖 배척을 한 몸에 받아 46세에 선종판사禪宗判事 봉은사 주지를 사임하고 서산대사에게 후임을 맡기게 되었다.

虛應堂普雨大師眞影

허응당 보우대사 진영(봉은사, 2013).

이후 청평사에서 7년간 주석한 후 53세에 천릉遷陵과 관련되어 임명되었던 도대선관교都大禪官教의 직위를 삭탈 당하고 선종판사도 병으로 사임하였으나, 문정왕후의 간청으로 다시 맡았다.

명종 20년1565 문정왕후가 승하한 후에 전국 유생들의 참소가 연일 계속되어 극에 달하자 마침내 승직마저 삭탈 당하고 제주로 유배되었으며, 그해 제주목사 변협邊協, 1528~90에게 위해를 당하여 세수 56세, 법랍 49세를 일기로 순교 입적하였다.

이듬해에 양종과 승과가 또 다시 폐지되었으나, 보우대사가 부흥시켰던 선교 양종과 승과를 거쳐 배출된 훌륭한 스님들은 스승의 법을 이어 온몸을 바쳐 국난을 극복하고 지혜광명의 법등을 온누리에 밝혔다.

### 일본에서 발견된 『허응당집』

보우대사의 현존하는 저술로는 문집인 『허응당집』虛應堂集 상·하 2권과 『나암잡저』懶庵雜著 1권, 『수월도량공화불사여환빈주몽중문답』水月道場空花佛事如幻賓主夢中問答 1권, 『권념요록』勸念要錄 1권이 전해진다.

이 가운데 『허응당집』은 대사가 금강산에 들어가 수도하던 때부터 임종시까지 쓴 시 483편과 병서幷序 6편의 글을 모은 문집으로, 그의 일생을 비롯하여 사상을 파악하는 데 가장 중요한 가치를 지닌다. 글이란 그 사람이 어떠한 생각을 가지고 인생을 살았는가를 평가하는 중요한 척도가 된다. 특히 자신의 분명한 입장과 내면의 세계가 담긴 저술일 경우, 그 인물을 평가함에 있어 정확하고 중요한 의미를 우리에게 전달해준다. 후대에 엇갈린 평가를 받아왔던 대사의 경우, 『허응당집』은 그 내면의 진면목을 보여주는 자료이기에 더욱 가치를 지닌다고 하겠다.

이 문집은 문인이었던 태균太均이 편차編次하고 한산寒山 이환離幻, 곧

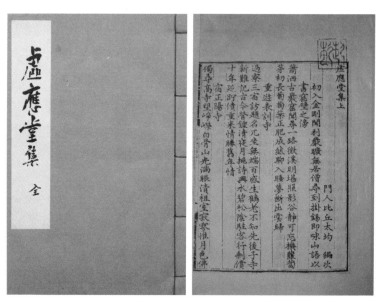

왼쪽 | 보우대사가 쓴 시문들을 모은 『허응당집』. 그의 일생과 사상을 파악하는 데
가장 중요한 가치를 지닌다.

오른쪽 | 호사문고본 『허응당집』의 첫 장에는 어본(御本)이라는 장서인이 찍혀 있다.
이는 도쿠가와 이에야스(德川家康)가 소장했다는 표시인데, 임진왜란 때 약탈하여
그에게 바친 것으로 생각된다. 그의 막내아들인 요시나오(義直)에게 전해져
'어문고'(御文庫)에 보관되었다가, 현재 일본 나고야 시가 운영하는 호사문고에 소장되어 있다.

사명四溟 유정惟政 대사가 선조 6년1573에 발문을 써서 간행되었는데, 이 때는 보우대사가 제주에서 순교한 지 8년째 되던 해다.

『나암잡저』는 제자들에게 남긴 법어法語와 각종 법회의 소疏, 발跋, 중수 기重修記, 권선문勸善文, 명銘 등으로 구성된 저술이다.『허응당집』과 같이 문인 태균이 간록刊錄하였고, 회암사 주지 천령天岭이 글씨를 쓰고 직지사 주지 유정이 교정하여 간행한 것으로, 장소와 연대에 대한 기록이 없어 분명하지는 않지만『허응당집』과 같은 시기에 간행된 것으로 추정된다.

『수월도량공화불사여환빈주몽중문답』은 법성산法性山 무심도인無心道人과 무하유지향無何有之鄉의 객이 도량 의식의 관법에 대하여 질문하고 답하는 형식으로 구성된 저술로, 불교의식 지침서로서의 가치를 지닌다. 그밖에『권념요록』은 염불공덕담念佛功德談 11편을 원문인 한문에 토를 달고 다시 대중들이 읽기 쉽게 한글로 번역하여 간행된 역서이다.

전해지는 저술 이외에도 많은 문헌이 있었을 것이다. 당시 보우대사는 배불론자들에 의해 요승으로 배척받았기 때문에 저술을 간행하는 데도 어려움이 많았음을 짐작할 수 있는데, 사명대사는『허응당집』 발문에 "잃어버리기도 하고 흩어지기도 하여 다 모을 수 없었으니 그 모두를 전할 수 없음이 안타까울 따름이다"라고 언급하고 있다.

대사의 대표적 저술인『허응당집』이 세상에 드러난 것은 최근의 일이다. 일본의 불교학자인 다카하시 도오루高橋亨가 1959년『조선학보』朝鮮學報 14집에「『허응당집』과 보우대사」라는 논문을 발표하고 나서이다. 그는 일제강점기에 한국에서 조선불교를 연구하던 중『허응당집』이라는 보우대사의 문집이 있다는 것을 들었으나 그것을 보지는 못하였다. 그는 여러 곳에 수소문하여 속리산 법주사의 어떤 스님이 그것을 소장하고 있다는 소식을 듣게 되었고 그것을 아는 사람을 통해 잠시 빌려볼 수 있게 되었다. 그런데 도착한 문집은 『나암잡저』뿐이었다고 한다. 1929년 간행된 그의 『이조불교』에서는 보우대사에 대하여 『나암잡저』에만 근거하여 약간 언급하는 데 그칠 수밖에 없었다.

이후 30년이 지나 그는 다시 일본의 나고야 시 호사문고蓬左文庫에 소장되어 있던 『허응당집』을 발견하고 『조선학보』를 통해 이를 발표하여 비로소 세상에 드러내었다. 보우대사가 순교한 지 390여 년이나 지난 후의 일이었다. 호사문고본 『허응당집』 첫장에는 '어본'御本이라는 장서인이 찍혀 있다. 이것은 도쿠가와 이에야스德川家康가 소장했던 책이라는 표시이다. 아마도 임진왜란 때 약탈해가서 그에게 바쳐진 것으로 추정된다. 현재 단 1권만 남은 것으로 보이는 『허응당집』 호사문고본은 이에야스의 막내아들인 요시나오義直에게 전해져 '어문고'御文庫에 보관되었다가 현재 나고야 시가 운영하는 호사문고가 소장하게 된 것이다.

보우대사의 저작이 우리 땅이 아닌 이역에서, 그것도 우리나라 사람이 아닌 한 일본인에 의해 발견되고 연구되어 우리 땅에 알려졌으니 인연치고는 참으로 기이하다고 하겠다. 제주도에 유배 가서 비운의 생을 마치고 요승으로 배척받던 대사의 저술이 버젓이 간행되었으니, 당시 배불론자들의 눈에 어떻게 비쳤겠는가. 그렇기에 그리도 긴 세월을 그의 시문이 깊숙이 숨겨져 올바로 전해지지 못하고 바다 건너 이역 멀리서 발견된 것이리라.

안타깝게도 전하는 글 가운데에 대사의 생애를 정리한 행장行狀이 없어 출생에서 순교에 이르기까지 역사적으로 정확히 조명하기는 어렵다. 현재 전하는 자료 가운데 그의 출생과 고향, 가문 등에 관해서 서술된 직접적인 자료는 일체 없다. 다만 그의 문집에 산재된 기록들과 『조선왕조실록』을 비롯한 그 밖의 자료들을 통하여 대강을 유추해볼 수 있을 뿐이다.

18

『허응당집』은 일본의 불교학자인 다카하시 도오루가 1959년『조선학보』14집에 「『허응당집』과 보우대사」라는 논문을 발표하면서 다시 세상에 알려졌다.

## 법란의 70년

　보우대사에 대하여 구체적인 언급을 하기에 앞서 그가 살았던 시대와 그 시기에 불교가 처한 상황을 역사적인 맥락에서 살펴보는 것이 순서일 것이다.

　오늘에 이르기까지 약 2,600년에 이르는 기나긴 역사를 지닌 불교는 수많은 난관을 헤치며 세계인의 종교로 전파되어 왔다. "사람이 도道를 넓히는 것이요, 도가 사람을 넓히는 것은 아니다"라는 말이 있듯이, 불교가 오늘날과 같이 세계적인 종교로 확고한 위치를 점하게 된 것은 물론 불법의 진리성에 근거하고 있지만, 더욱 중요하게는 그 긴 세월 동안 불교인들이 모든 역경을 훌륭히 극복하는 과정 속에서 불교를 거듭나게 했기 때문이라고 할 수 있다.

　수많은 역경 가운데 특히 불교를 부정하는 다른 정치세력이나 종교세력들이 주도하는 권력이나 무력에 의해 갖가지 형태로 부당하게 억압받으며 치러야 했던 고난의 역사를 불교에서는 법난法難이라고 부르고 있다. 역사적으로 고찰해보면 법난의 구체적인 행태는 사찰의 훼손 및 철폐, 사찰 재산의 몰수, 탑·불상과 불경의 파손, 불법의 시행 금지, 승려의 환속 또는 출가금지령에서부터 심지어는 승려 학살에 이르기까지 불교를 해치고 교단을 핍박하는 다양한 형태로 행해졌다.

　조선조는 법난으로 점철되었다고 해도 과언이 아니지만 그중 불교가 가장 극심한 수난을 겪었던 시기는 성종과 연산 그리고 중종으로 이어진 3대의 70여 년간이다. 이 시기는 그야말로 조선 불교 사상 최악의 암흑기로, 척불의 단계를 넘어선 국가의 불교 말살 정책에 따른 사찰과 승려에 대한 대 탄압이 자행되었다. 그로 인해 고구려 소수림왕 2년372 이 땅에 공식적으로 전래된 지 1,000여 년이 넘도록 유구한 역사를 계승해온 불교는 그 모든 것이 황폐화되었고 이루 말할 수 없을 정도로 참담한 지경에 처하게 되었다.

태종과 세종 연간에 교단의 강제 통폐합을 겪었던 불교는 세조대에 다시 활력을 되찾아 어느 정도 안정된 듯하였으나, 성종이 즉위하자 상황은 다시 돌변하여 척불이 단행되기 시작했다. 성종 2년1471에는 도성 안에 있던 염불소念佛所와 불교 경전을 언문으로 번역·간행하여 온 간경도감刊經都監이 폐지되었고, 4년에는 사대부의 부녀자가 출가하는 것을 금하였으며, 6년에는 도성 내외의 비구니 사찰 23개소를 헐어버렸고, 8년에는 국왕의 생신에 사찰에서 행하던 축수재祝壽齋를 폐지하였다.

이처럼 불교에 대한 박해는 점점 그 강도를 더해갔으며, 말년인 성종 23년1492에 이르러서는 아예 승려가 되는 것을 금하여 승려 자격을 명시한 『경국대전』經國大典의 도승법度僧法을 정지시켰다. 또한 신분증명서인 도첩이 없는 승려는 모두 강제로 환속시켜 군역에 충당시키는 대법난으로, 전국의 많은 사찰들은 주인을 잃고 텅 비게 되어 결국은 폐사廢寺가 되는 사태를 당하였다. 인수·인혜 두 왕대비에 의해 척불이 잠시 주춤하였으나 그것도 잠시뿐, 인수대비가 정업원淨業院에 안치하였던 불상을 유생들이 태워버리고, 심지어 백성들의 상례喪禮에서조차 불교제례를 금하게 하는 등 척불과 탄압이 계속되었다.

성종의 뒤를 이은 무도한 연산군은 명맥상으로나마 조선불교 양대 종단의 본산 역할을 해온 선종의 흥천사와 교종의 흥덕사를 폐하고, 세조가 세운 원각사를 기방으로 삼았으며, 겨우 남아 있던 사찰의 승려들마저 내쫓고 환속시켜 노비로 삼는 등 극악무도한 횡포를 일삼았다. 또한 고려 광종 때에 시작되어 불교를 배척하던 성종 때까지도 유지되어 오던 승려의 과거제도마저 사실상 폐지했다.

이때에 이르러 양종의 교단마저 없어지고 승려는 노비로 전락했으며, 각 사찰의 재산은 국가에 몰수당하고, 지도자를 배출하던 승려의 과거제도마저 없어졌으니, 당시 조선불교는 이 땅에서 그 존재성을 완전히 상실하는 사태에 직면하게 되었던 것이다.

이어서 중종이 즉위하자 한때 그의 생모인 정현왕후에 의해 불교를 복구하려는 기미가 보이기도 하였으나, 중종은 성종과 연산조를 거치며 지속되어 온 불교 말살 정책에 더욱 박차를 가하였다. 탄압은 극에 달하여 결국 중종 11년1516에 이르러 『경국대전』經國大典에 있는 도승조度僧條를 아예 없애버리기까지 했다. 이로써 이름뿐이었던 선종과 교종의 종단과 승과에 이르기까지 불교 존립의 모든 법적 근거마저 상실하게 되었다.

중종 재위기간 중 사찰의 폐지와 승려에 대한 박해는 지속되어 불교는 완전히 그 설 땅을 잃고 말았다. 나라에서 불교를 아예 없애기로 작정하고 각종 행정 및 제도면에서 탄압과 박해를 가하여 불교를 해체시키고자 획책하였는데, 이와 같은 조처에 편승한 무도한 배불 세력과 유생들은 사찰을 방화하고 약탈을 자행하는 등 온갖 만행을 서슴지 않아 불교는 곳곳에서 갖은 시련을 겪어야 했다.

중종 4년1509에는 유생들이 청계사의 경첩을 훔쳐 갔고, 그 이듬해에는 유생들이 배불을 선언하고 흥천사를 불태워버렸으며, 각 도의 사찰을 허물고 그 토지는 향교에 나누어주었다. 뿐만 아니라 국가적인 차원에서 생각조차 할 수 없는 만행도 전개되었다. 중종이 흥천사와 흥덕사의 범종을 녹여 총통을 만들도록 전교한 것이다. 그때 정현왕후가 이를 막기 위해 그릇을 만든다고 하여 범종을 내수사로 옮기기도 했지만, 경주 대로변에 방치되어 있던 동불상은 끝내 무기가 되었다.

단 70여 년간 무지한 위정자들에 의해 자행된 승려 탄압, 사찰과 불상·

불탑·경전의 파괴 및 훼손에 이르는 만행은 한반도에서 선조들이 1,000여 년의 유구한 역사를 거치며 이룩해놓은 불교의 대부분을 송두리째 앗아가고 말았다.

보우대사는 바로 이러한 시기에 출가하여 청·장년기를 산중에서 수도하며 지냈다. 그의 문집인 『허응당집』에 전해지는 몇 편의 글은 당시 불교의 암흑상이 어떠했는가를 짐작케 한다.

본조本朝, 조선의 연산군 때에 이르러 한 번 거센 산바람이 불어 닥침을 만났고, 중종 때는 버림을 받게 되었다. 이로 말미암아 선풍禪風은 부채를 숨기고 불일佛日도 빛남을 감췄다. 모든 나라 안의 사찰들은 나날이 없어지고 다달이 훼손되어 산에는 절이 없고 절에는 스님이 없어 요행히 총림 아래서 머리 깎고 물든 옷 입은 사람도 관리가 침범하고 속인들이 재앙을 일으켜 눈에는 눈물이 있었고 그 눈물에는 피가 있었다. 장차 외로운 명맥을 남길 곳도 없어지고 형세는 극도에 달해 길짐승으로 전락하였다.

• 「선종판사계명록」禪宗判事繼名錄 중에서, 『허응당집』

스님들은 궁지에 몰려 몸을 숨길 곳도 없어 길짐승으로 전락하고, 절에는 지키는 스님이 없어 날로 퇴락하여 산에 절이 없을 지경에 이르렀다고 전하니, 당시 정황을 대강이나마 짐작할 수 있다. 다음 시는 당시 퇴락해가는 사자암이라는 암자의 모습을 읊은 것이다. 이 시는 한 암자의 퇴락과 적막함을 읊은 단편적인 것이지만 당시 배불 정책으로 퇴락한 사찰의 황폐함과 승려들의 고뇌를 엿볼 수 있다.

길가 옛 암자,

늘 텅 비어 나그네 괴롭히네.

헐어진 섬돌엔 등덩굴이 뻗어나고,

차가운 뜰에는 긴 풀만 우거졌네.

금부처님 얼굴엔 먼지 덮이고,

물통엔 낙엽만 가득하네.

푸른 하늘 우러르며 탄식하고 서 있으니,

천 봉우리 석양빛 붉게 비치네.

路邊舊蘭若　惱客每長空

古砌生藤蔓　寒庭長草叢

塵侵金佛面　葉滿水槽中

仰碧嗟噓立　千峰夕照紅

• 「사자암」師子庵, 『허응당집』

　당시 몇몇 거찰과 원찰을 제외하고는 승려들이 거처할 수 없어 곳곳마다 사찰은 황폐해졌으며, 황폐함만으로 그치지 않고 과격한 배불론자들에 의해 훼손되기까지 하였다. 또한 고을의 수령들이 도첩이 없는 승려들을 색출하여 군역에 충당하거나 환속시키는 바람에 승려들은 갈 곳마저 없어졌다. 그러한 상황에서 남아 있는 승려들은 불교를 위해 무엇 하나도 어떻게 해볼 수 없는 막막한 입장에 처했던 것이다. 그러나 처절한 환경 속에서도 불법이 존속할 수 있었던 것은 유구한 역사가 배출한 고승들에게 면면히 이어지는 고귀한 구도정신이 살아 있었기 때문일 것이다.

# 2 금강에 소요하다

금강 최고봉에 홀로 올라서
천지를 굽어보니 생각 더욱 짙어지네.
가을 깊은 시내에는 파란 유리보석 펼쳐졌고
된서리 내린 산은 붉은 비단 걸쳤구나.
돌길은 저 멀리 아스라이 비껴 있고
초가암자 자그맣게 흰 구름 속에 보이도다.
선경에 빠져 늦도록 돌아갈 길 잊었는데
들리는 저녁 종소리 숲 뚫는 듯하여라.

## 열다섯에 승복 입고

보우대사의 대표적인 저술인 『허응당집』은 그가 금강산 오현봉 꼭대기에 위치한 이암굴에 거처를 정하고 수도에 들어가는 장면부터 시작된다. 표훈사表訓寺 은적암隱寂庵 아래에 자리한 그곳은 그의 고향인 용문龍門과 광주산맥으로 이어진 곳이다. 대사는 금강산에 들어와 이암굴에 거처하는 스님이 없다는 말을 듣고 텅 빈 쓸쓸한 옛 암굴을 찾았다. 그곳에 머물기를 작정하고 시 한 수를 읊어 굴 벽에 써놓는다. 대개 처음 입산하면 구도求道의 큰 포부를 써놓으리라 생각되지만, 그의 시는 수도에 대한 의지 등은 전혀 보이지 않고 다만 상념에서 벗어나 자연을 관조하는 평안함을 읊고 있을 뿐이다. 텅 빈 옛 암굴과 맑은 시내 그리고 적막한 골짜기, 무싹과 포도 잎의 생명력, 그 속에 하나 되어 무념무상의 관조에 빠져 졸다 깨어나 이암굴에 자리 잡은 담담한 심경을 읊고 있다.


쓸쓸한 옛 암굴
작은 외길 듣고 찾으니
시냇물 맑아서 그림자 비출 만하고
골짜기 고요해 상념을 잊겠네.
무 싹 막 자라나고
포도 잎 정말 기름지도다.
어느덧 나도 모르게 졸다가
꿈 깨어 구름 속 나와 돌아가네.
蕭洒古巖窟　聞尋一路微
溪明堪照影　谷靜可忘機
蘿蔔芽初長　葡萄葉正肥

成然聊入睡　夢斷出雲歸

•「처음 금강에 들어와 이암굴이 텅 비어 거처하는 스님이 없다는 말을 듣고 찾아 머물게 되어 곧 산어를 읊어 굴벽 곁에 쓰다」初入金剛 聞利巖曠無居僧 尋到掛錫 卽咏山語 以書窟壁之傍,『허응당집』


이암굴에 거처를 정한 대사는 금강산의 여러 사찰과 암자들을 두루 편력하며 심산유곡에 묻혀 세월을 잊고 자재自在한 생활을 하였다. 표훈사·정양사·장안사·유점사·안심대·개심대·송라암·보덕굴·사자암·마하연 등 금강산의 크고 작은 사찰과 암자들을 찾아 읊은 시들이 그의 문집에 수록되어 있어 그의 자취를 엿볼 수가 있다.

그 가운데 마하연은 보우대사와 인연이 매우 깊은 암자이다. 그가 열다섯 살 때 스승을 따라 이곳에 와서 머리를 깎고 승복을 입었던 절이기 때문이다. 금강산 법기봉 넘어 만폭동 상류를 벗어난 평탄한 곳에 자리잡은 마하연은 그 이름에서도 알 수 있듯이 대승大乘, mahāyāna의 도량이다. 그래서인지 전해지는 말에 따르면 불교를 독실히 신앙하던 세조도 금강산을 자주 찾았는데, 근기가 소승에 머물렀기 때문에 마하연의 부속 암자인 원통암이나 불지암은 찾아 친히 불사를 베풀었지만 마하연에는 들지 못했다고 한다. 마하연 바로 앞의 혈망봉穴望峯에는 큰 구멍이 뚫려서 하늘을 마주보는 듯한 형상을 한 바위가 있는데, 사람들은 그 바위에 여래의 대법안장大法眼藏이 갖춰졌다고 여겼다. 즉 법기보살法起菩薩이 중생을 위하여 법의 눈을 갖추고서 광명을 나타내어 인연 있는 사람에게 깨달음을 증득하게 한다는 것이다.

이와 같이 신령스런 이야기가 전해지는 마하연을 다시 찾은 대사는 자신이 머리를 깎고 승복을 입던 당시를 회상하며 시 한 수를 읊어 옛 상념에

젖는다.

신령한 소문 사람 입에 오르내리니
산중의 제일가는 터 바로 이곳일세.
하얀 봉우리는 옛 빛 그대로인데
벗겨진 고목엔 새 가지 자라났네.
시내 소리 들으니 옛 생각 되살아나 한탄과 어우러지고
뜬구름 바라보니 기쁨이 도리어 슬픔으로 바뀌네.
이 나그네 회포 귀신도 헤아릴 수 없지만
오직 부처님만은 응당 알아주시리.
– 내가 15세에 스승을 따라 이 암자에 와서 머리 깎고 승복을 입었다.
그러므로 시에 은미하게 드러내지 않은 말이 있다.

靈聞登人口　山中第一基

白峰含古色　赤木長新枝

聽澗蘇兼恨　看雲喜却悲

客懷神莫測　唯佛只應知

余志學之歲, 隨師到此庵中剃染. 故詩有隱而不現之語

•「거듭 마하연에 노닐며」重遊摩訶衍, 『허응당집』


　이 시 아래에 보우대사는 "내가 열다섯에 스승을 따라 이 암자 안에서
머리를 깎고 승복을 입었다. 그러므로 이 시 가운데는 숨어서 드러나지 않
은 말들이 있다"라고 주석을 붙이고 있다. 과연 귀신도 헤아릴 수 없는, 부
처님만이 알아주시는 그의 회포는 무엇이었을까?
　보우대사의 일생을 시기별로 구분한다면, 제1기는 출생에서부터 출가

위 | 금강산 마하연의 옛 모습(1912). 보우대사는 열다섯에 스승을 따라
마하연에 와서 머리를 깎고 승복을 입었다.

아래 | 금강산 마하연터 근방 산속에 모셔진 묘길상(妙吉祥). 고려시대의 마애불.

이전까지의 세속생활 시기, 제2기는 출가 이후 금강산 수행과 유행기, 제
3기는 봉은사 주지를 맡은 때부터 선종판사직을 사임하기까지의 시기, 제
4기는 청평사로 은퇴 이후 주석 기간, 제5기는 다시 선종판사의 직을 맡고
제주에 유배되어 순교하기까지의 다섯 시기로 구분할 수 있다.

앞서 언급하였듯이 보우대사의 행장이 전해지지 않아 출생 연도는 물론
출가 이전의 이름과 가문, 성장과정 등에 관한 자료가 일체 없다. 그 밖의
자료들을 통해 출생 연도를 추정하자면 현존하는 그의 글 가운데 자신의
나이를 언급한 내용과 아울러 당시 글을 쓴 시기가 명기되어 있어야 하는
데, 두 가지 요건을 충족시키는 글이 없다. 글을 쓴 연도가 분명하면 나이
가 언급되어 있지 않고, 나이가 정확히 언급되어 있으면 글을 쓴 시기가 정
확하지 않은 것이다.

『허응당집』에 수록된 시는 대부분 연대순으로 편집되어 있다. 문인 태
균이 시권이나 시축의 형태로 남아 있던 대사의 유묵을 연대순으로 정리
하여 간행하였던 것이다. 그 때문에 시에 직접 지은 연도를 언급한 것이 몇
편 되지 않지만, 시 가운데 언급한 일반적인 햇수라든가 나이 등을 유추하
여 종합적으로 판단하면 많은 부분의 연대를 상고할 수 있다는 판단을 하
게 되었다.*

대사는 6년 동안 금강산에서 수도를 한 후, 하산하여 쓴 시[1]에 그해가

---

* 2008년 7월에 필자는 한림대 전자물리학과 안영직 교수로부터 졸저를 읽고 상
의할 일이 있다는 이메일을 받았다. 불교사에 관심을 가지고 자료를 검토해보니
보우대사의 생년이 1510년이며, 스승은 조우대사가 확실한 것 같고, 보우대사와
교유하였던 정만종과 정취선은 동일 인물이 아니라는 내용이었다. 자료를 검토
해보니 타당한 내용으로 확인되었다. 대사의 생년이 1510년이라는 내용은 안 교
수의 주장에 근거하여 작성하였음을 밝힌다.

무술戊戌년, 즉 1538년이라 밝히고 있는데, 그렇다면 그가 금강에 입산한 해는 1533년이 된다.** 그리고 금강에 처음 입산하여 이암굴의 본사인 표훈사를 찾아 지은 「거듭 표훈사에 노닐며」重遊表訓寺라는 시에 10년 만에 다시 찾았다고 하는 내용이 있다. 그렇다면 그가 금강산에 왔던 해는 1524년이며, 그 해는 바로 마하연에 수계사를 좇아 체발剃髮하러 왔던 해로, 앞서 언급한 「거듭 마하연에 노닐며」에서 당시 자신의 나이를 15세라고 적고 있으니, 이를 근거로 따져보면 대사의 생년은 1510년중종 5년이 된다. 이 출생 연도는 그 밖의 다른 시를 통해서도 검증할 수 있어 대사의 세수를 정확히 밝힐 수 있게 되었다.***

『허응당집』에는 "내가 어찌 태어날 때부터 자연적으로 중이었겠는가? 어려서 부모 잃고 유학을 버리고 이렇게 스님이 된 것이다"라는 구절이 있어, 대사가 유가儒家의 가정에서 태어났으나 무슨 연유에선가 어린 나이에 양친을 잃고 불문佛門에 들어오게 되었음을 알 수 있다. 그렇다면 그는 언제쯤 출가하였을까? 「송상국 합하에 바침」奉似宋相國閤下이라는 시 가운데 "다박머리 땋을 나이에 머리 깎고 승복입고 불문에 들어왔다"髫年剃染入無爲고 스스로 밝히고 있는데, 여기서 '초년'髫年이란 남자아이의 경우 8세 정도의 어린아이를 뜻하는 단어이다. 무슨 연유에서인지 8세 어린 나이에 양친을 잃고 불문에 들어왔던 것이다.

---

** 일반적으로 햇수를 따지는 전통적인 셈법에 따라서 계산하고 있다.

*** 보우대사가 금강에서 하산한 후 지은 「봉사변사실선탑」(奉似辨師室禪榻)이라는 시에서 자신의 나이가 35세임을 밝히고 있는데, 바로 1수 뒤의 「기공장로」(寄空長老)라는 시에서 용봉에서 이별한 지 12년이라고 적고 있다. 그렇다면 용봉에서 이별할 때 나이는 24세가 되고, 앞에서 추산한 생년으로 따져보면 1533년이 되므로 그가 용문산을 떠나서 금강에 입산하던 해와 정확하게 맞아떨어진다.

경기도 양평의 용문사.
조실부모한 보우대사가 출가하여 행자로서 어린 시절을 보낸 곳으로 추정된다.
현재의 당우는 6·25 때 소실되어 근래 다시 재건한 것이다.

그러면 대사가 출생한 곳은 어디고 처음 입산한 곳은 어디였을까? 이능화李能和, 1869~1943가 쓴 『조선불교통사』에는 보우대사를 '양양 신흥사 스님, 또는 인제 백담사 스님'으로 기록하고 있는데, 대사의 글을 보면 그가 출가한 본사는 신흥사나 백담사가 아닌 용문사임을 알 수 있다. 『허응당집』에 보면 「제자를 예전 은거처로 보내며」라는 시의 첫 구절에 '용봉 천송이 옛 고향땅'이라는 구절과 「용문사로 가는 웅스님을 전송하며」라는 제하의 오언율시에는 '나의 자취도 그 가운데 가득하다네'라는 구절이 있다. 이를 근거로 추론해보면 용문산 부근이 대사의 옛 고향이며, 그가 조실 부모하고 처음 출가한 곳이 용문사일 것으로 생각된다.

　대사는 어려서 용문사로 들어가 어떤 스승 밑에서 몇 년간 행자 생활을 하다가 15세 되던 해에 스승을 따라 금강산 마하연에 가서 삭발 수계하고 승려로서의 수행의 길을 시작하였던 것이다. 대사는 마음이 답답할 때면 언제나 고향이자 처음 입산한 용봉을 바라보며 회한에 젖곤 했다. 용봉은 그가 태어난 곳이요, 또한 세속을 떠나 불문의 길로 들어간 곳이며, 그의 스승인 노스님이 계시던 곳이었기 때문이리라.

　용문사는 당대의 선지식들이 머물렀던 곳으로, 벽송당碧松堂 지엄智嚴, 1464~1534도 중종 6년1511인 신미년 봄부터 두 해에 걸쳐 여름 안거를 하였으며, 지엄의 제자인 부용당芙蓉堂 영관靈觀, 1485~1571도 중종 4년1509에 용문산에 들어가 조우祖愚스님을 찾아 선을 토론했다. 물론 이들이 용문사를 찾았을 때는 보우대사가 아직 출가하기 전이었다. 이를 통해 볼 때 용문사는 당시 선종의 맥을 잇는 대사찰이었음을 알 수 있다. 그리고 조우 대사라는 분은 당시 용문사를 대표하는 선사로 생각된다. 그의 행적이 상세하게 전해지지는 않지만 그가 바로 보우대사의 스승이 아니었을까?

　대사에게는 용문사의 노스승 이외에 또 다른 스승이 있었다. 마하연에서 그에게 계를 주었던 수계사授戒師이다. 글을 쓴 시기와 장소가 명기되어 있지는 않지만, 다음 시는 수계사가 계신 절을 찾은 대사가 스승과 함께 하룻밤을 보내며 쓴 글이다. 이 시에 언급된 수계사가 바로 마하연에서 그를 득도케 한 스승이 아닐까 싶다.

이 좋은 여울물 소리 사랑해서
선방을 개울가에 정했었지.
물은 눈과 푸르름 같이하고
바위는 마음과 같이 단단하네.
배움은 시·서·역을 섭렵했고
지혜는 불·노·선에 통했노라.
다시 온 정 얼굴에 나타내지 아니하고
담소하며 한자리에 잠들었네.

愛此灘聲好　禪房卜澗邊

水將同眼碧　石欲共心堅

學涉詩書易　知臻佛老仙

再來情不面　談笑一床眠

　•「계를 받은 스승의 방장에 자면서」宿戒師方丈, 『허응당집』

그에게 계를 준 스승은 유·불·도 삼교에 두루 통한 고승이었던 모양이다. 보우대사가 불교는 물론, 시문을 비롯하여 유학과 노장에까지 두루 통하게 된 것은 이 같은 수계사가 있었고, 그의 영향이 지대하였기 때문이라고 생각된다. 하지만 안타깝게도 수계사가 누구인지는 알 수 없다.

## 금강에서 10년간

겨레의 명산인 금강산은 '일만이천 봉, 팔만구 암자'라는 수식어가 말해주듯이 그 자체가 바로 불교 유적지로서 우리의 선조들이 몸과 마음을 수양하던 곳이다. 금강산은 해발 1,638미터의 비로봉을 정점으로 일출봉·월출봉·옥녀봉·국사봉·오봉산·상등봉·금수봉 등이 병풍처럼 둘려져 있는데, 비로봉 서쪽의 내금강, 동쪽의 외금강과 그 자락이 동해로 연하여 기암괴석을 이루고 있는 해금강으로 나뉜다.

예로부터 이 금강산은 민족의 영산으로 많은 명찰들이 건립되었고, 이곳을 수행의 성지로 찾는 구도자의 행렬이 끊이지 않았다. 『동국여지승람』東國輿地勝覽에 따르면 "산은 무릇 일만이천 봉이니, 바위가 우뚝하게 뼈처럼 서서 동쪽으로 창해를 굽어보며, 삼나무와 전나무가 하늘을 찌를 듯하여 바라보면 그림과 같다. 일출봉·월출봉 두 봉우리가 있어서 해와 달이 뜨는 것을 볼 수 있다. 내산內山과 외산外山에 모두 일백여덟 군데의 절이 있는데, 표훈사·정양사·장안사·마하연·보덕굴·유점사가 가장 이름난 사찰이라고 한다"라고 소개되어 있다. 금강산은 빼어난 자연경관만이 자랑이 아니다. 수만 년을 이어온 한민족의 정신적 가르침 또한 우리에게 전해준다. 그래서 많은 선지식들은 이곳을 찾아 도를 닦고 또 깨우쳤던 것이다.

보우대사에게도 금강산은 큰 의미를 지닌다. 그동안 섭렵해온 공부를 바탕으로 금강산 수행으로 도를 깨우쳤기 때문이다. 그는 금강산에 입산한 이래 일정한 스승이 없이 홀로 구도의 길을 걸었다.

다음의 단편적인 시구들은 그가 금강에서 어떠한 생활을 하며 지냈는가를 보여준다.

배고프면 숲에 가서 도토리 밤 주워 거두고
목마르면 바위 밑 찾아 맑은 여울물 길어오네.
飢向林間收橡栗　渴尋巖底汲淸湍

　•「산거잡영」山居雜咏 중에서,『허응당집』


낮에는 창가에 앉아 경전 읽고
밤이면 침향 받들어 임금님 축수하는 향 사르고.
晝將黃卷投窓閣　夜奉沈香祝聖焚

　•「우음」偶吟 중에서,『허응당집』


다만 시흥과 인연 있어서
붓 적시면 읊조림 더욱 더하네.
只緣詩興在　濡筆咏彌增

　•「자부」自賦 중에서,『허응당집』


사는 곳이 궁벽한데 누가 찾아오겠는가.
향로의 향기만이 홀로 친한 사이라.
자재한 마음 물들지 않고
소요하는 즐거움 줄어들지 않네.
栖僻誰相訪　爐香獨可親

自在心無染　逍遙樂不磷

　•「도솔암」兜率庵 중에서,『허응당집』


이런 생활들이 금강산 수도의 전부였다 해도 과언이 아니다. 아무도 찾지 않는 금강의 깊은 곳에서 자연과 함께 자재하고 관조하며 소요하는 것으로 대사는 수도생활을 지속했다. 또한 시를 몹시도 사랑하여 자신이 느낀 상념들을 시어로 표현하기를 즐겼다. 모든 번뇌 다 떨쳐버리고 대자연과 하나 되어 무엇 하나 구애받지 않는 생활 그대로가 유유자적한 경지인 것이다. 그의 금강산 수도는 이러한 생활로 일관하고 있다.

그렇다고 금강산 생활여건이 그리 여유롭고 풍족한 것은 결코 아니었다. 본래 몸이 약했던 대사는 수시로 병고에 시달렸고, 게다가 양식이 떨어진 때도 한두 번이 아니었다. 그래서 자신을 '바리때 하나로 천지를 도는 병든 비구比丘'라고 표현하기도 하였다.

> 서원의 굳셈은 삼지****를 뛰어넘는 경지도 사양하지 않건만, 힘은 약해 터럭 하나 들기도 감당하기 어렵네.
> 願强不讓超三地　力弱難堪擧一毛
> • 「자비」自悲 중에서, 『허응당집』

> 금강에 자취 감춘 지 오래되니
> 살림살이 날로 엉성하여
> 서리 내린 아침엔 얼어빠진 밤 줍고
> 노을 지는 저녁에는 마른 나물 뜯네.
> 빈 바리때는 거칠어 거미가 줄을 치고
> 불기 없는 재 위엔 새들이 전篆자를 쓰네.
> 어찌 알았으랴, 사신 가셨던 정승께서

---

\*\*\*\* 삼지(三地): 지혜의 광명이 나타나는 지위.

은혜 드리워 쇠한 목숨 구제해주실 줄이야.

晦跡金剛久　生涯逐日踈

霜朝收凍栗　煙暮劚枯蔬

鉢澁蛛成網　灰寒鳥篆書

那知使相國　垂惠救衰餘

　•「중국에 사신으로 다녀온 상진尙震 상국께서 내가 바싹 여위었다는
소식을 듣고 일부러 사람을 보내 양식을 주셨기에 시로 감사를 드림」尙
使華相國 聞小釋枯槁 專使惠料 以詩賀謝,『허응당집』

　바루에 밥을 담아본 지가 오래되어 거미가 줄을 칠 정도였고 아궁이에
불을 땐 지가 오래되어 새들이 날아와 발자국들을 남길 정도였으니, 산중
생활이 어떠하였는가는 짐작하고도 남음이 있다. 그래도 보우대사는 주어
진 여건을 다 수용하며 항상 자재함을 잃지 않았다. 한편 그가 양식이 떨어
져 굶주리며 수도한다는 소식을 접하고, 당시 형조참판을 지내던 상진尙
震, 1493~1564이 금강산으로 양식을 보내기까지 하였으니 그의 청빈낙도
를 알아주는 고관의 따사로운 정을 느끼게 해준다.

　보우대사에게 있어서 도는 멀리서 구해야 하는 대상이 결코 아니었다.
사실상 그에게 수도라는 낱말은 어쩌면 적합하지 않을지도 모른다. 그의
도에 대한 시각은 다음의 시구가 극명하게 말해주고 있다.

　보통 날마다 하는 일에 도道 있으니

　만약 먼 곳에서 찾으려 하면 끝내 엿보기도 어렵다.

　道在尋常日所爲　若懷求遠竟難窺

　•「회, 림 두 제자에게」示會林二小師 중에서,『허응당집』

금강산 수행기간을 통하여 보우대사가 깨달은 것은 무엇인가? 보통 큰 스님들이 남긴 글에는 깨달음을 시로 읊은 오도송悟道頌이라는 것이 있다. 『허응당집』에 '오도송'이라고 이름 붙인 시는 없다. 그런데 시제는 그와 다르지만 오도의 내용을 짐작케 하는 시가 있어 그가 깨달은 것이 무엇인가를 말해주고 있다. 본래 깨달음이란 생각과 분별을 떠난 자리이므로 언어로 표현할 수 있는 것이 아니지만, 미혹한 중생들은 이를 통해 작은 느낌이라도 받을 수 있지 않을까? 보우대사는 깨닫고 나서 그 기쁨을 다음의 시로 전하고 있다.

도를 얻고자 선문을 닫아걸고
홀연히 일체 차별 하나로 뚫었네.
최 정 박이라 이름과 모양 없고
능히 움직이는 것을 말 소 고래라 할 뿐이네.
겨울 추위와 여름 더위 하늘의 호흡이며
낙엽 지고 꽃 피는 것은 땅의 생사
삼라만상이 모두 자기이니
무슨 일로 집을 떠나 부질없이 헤매리오.

欲窮斯道揜禪扃　一貫千殊妙忽明
無相可名崔鄭朴　有神能體馬牛鯨
冬寒夏熱天呼吸　葉落花開地死生
萬象森羅都自己　何須出戶謾馳行

경계와 마음, 서로 다르지 않은데
눈앞에 펼쳐진 산하, 이 무엇인고.

40

성근 비내려 가을산 적적하고
바람이 불어 푸른 풀 춤추도다.
境心心境境非他　滿地山河是什麼
寂寂秋岑踈雨過　風前青草舞婆娑

• 「꿈을 깨고 나서 스스로 다행함을 이기지 못하여 통쾌하게 율시 한
수를 읊어 마음을 아는 이에게 보여주다」夢破餘不勝自幸, 快咏一律, 以示
心知,『허응당집』


대사는 삼라만상의 모든 차별상을 꿰뚫는 하나의 이치를 밝혀 모든 존
재가 혼연한 불이不二의 경계임을 깨달은 것이다. 자기와 온 우주의 삼라
만상이 하나의 경계로 어우러지니 모두가 그대로 진리의 세계인 것이다.
『대승기신론』大乘起信論에서는 "진여의 체體는 조금도 거짓이 없어 하나
도 버릴 것이 없으니, 만법이 평등하여 차별이 없으므로 따로 세울 것도 없
으며眞如體 無有可遣 以一切法 悉皆眞故 亦無可立 以一切法 皆同如故, 진여의
법이 하나인 것을 여실히 알면 그곳이 바로 본각本覺의 자리요所言不覺義
者 謂不如實知 眞如法一故, 하나의 법계임을 통달하지 못하면 홀연히 다른
생각이 일어나니 그것이 바로 무명無明, 不達一法界故 心不相應 忽然念起 名
爲無明"이라고 하였다. 모든 차별상이 눈 녹듯 사라지고 본래의 진여眞如
에 돌아가니, '최씨·정씨·박씨'라고 구별하여 이름 부를 것도 없고, 말
과 소와 고래도 다른 몸이 아니니, 온 우주의 삼라만상이 나와 하나가 된
것이다.
『능엄경』楞嚴經에서 부처님은 다음과 같이 말씀하셨다. "우리가 본래
부터 가지고 있는 깨달음의 본성품은 밝은 마음 그 자체인데性覺必明, 잘
못 착각하여 밝은 마음 그 자체를 밝혀야 할 대상으로 삼았다妄爲明覺. 깨

달음 자체는 스스로 밝은 것이므로 밝혀야 할 대상이 아니건만覺非所明 그 밝음으로 인하여 밝혀야 할 대상을 세우고因明立所 밝힐 대상이 헛되게 섰으므로所旣妄立 중생들의 착각하는 마음의 작용이 생긴 것이다生汝妄能."

이처럼 보우대사 역시 꿈을 깨고 보니 본래부터 경계와 마음이 다르지 않아 주객主客의 구분이 없으니 따로 분별할 일이 없어진 것이다. 눈앞에 펼쳐지는 산하와 대지가 모두 진여인데, 무엇 때문에 부질없이 집을 떠나 헤매겠는가.

이후 대사는 6년간 금강산에서의 1차 수행기를 보내고 산을 나선다. 아마도 운수행각雲水行脚을 하며 천지에 그가 깨달은 도를 펴볼 마음이었을 것이다. 산중에서 같이 수도하던 동료가 만류했지만 그는 시 한 수 써놓고 하산을 결행하였다.

> 육 년 동안 금강산 꼭대기에 앉기를 마치니
> 말같이 뛰는 생각 원숭이같이 재주 부리는 마음 자제하도록 길들이네.
> 비단옷 입고 밤길 가는 일 사람들이 웃는 일이지만
> 지팡이 가로 메고 깊고 가파른 산길 내려가네.
> 六年坐斷金剛頂　意馬心猿自在馴
> 衣繡夜行人所笑　橫擔櫛標下嶙峋
> • 「산중의 도우가 내가 적막한 생활이 싫어 유각을 생각한다는 말을 듣고, 만류하며 머물게 하려고 하기에 절구 한 수를 읊음」山中道友 聞余厭寂思遊 意欲遮留 以述一絶,『허응당집』

그러나 하산할 때 품은 밝은 포부는 얼마 지나지 않아 바로 수심과 비통으로 바뀌었다. 그해 9월, 사찰 철거라는 청천벽력 같은 어명이 내려지자

42

근근이 명맥을 유지해오던 불교계가 쑥밭이 되었던 것이다. 조선불교 수난의 막바지인 중종 33년1538 9월에 조정에서는 『동국여지승람』에 기록되지 않은 사찰을 모두 뜯어 헐어버리는 대법난을 일으켰다. 보우대사는 당시 그 비통한 심정을 다음과 같이 토로하고 있다.

불교의 운수 쇠박하기가 올해보다 더한 때 없어
피눈물 소리 없이 갈건葛巾에 가득하네.
구름 속에 산이 있다 한들 어디에 의탁할꼬.
티끌 속 어디에도 이 한 몸 용납할 곳 없도다.
온 하늘 아래가 모두 당우唐虞의 땅인데
저 땅끝까지 누가 요순堯舜의 신하가 아니던가.
부끄럽도다! 우리만이 박복해서
태평세월에 도리어 불평등한 사람 되었구나.
釋風衰薄莫斯年　血淚潛潛滿葛巾
雲裏有山何托跡　塵中無處可容身
普天盡是唐虞地　率土誰非堯舜臣
慙愧吾儕偏尠福　大平還作不平人

듣자 하니 서울엔 잘난 사람도 많아
우리 불교 제거하려는 말들도 많구나.
그 쩨쩨한 개 도둑 쥐 도둑들이 승려의 화禍를 더하게 하니
나무열매 따먹고 운수행각하는 나그네 수심만 가득하네.
옥석玉石이 함께 타버리니 하늘도 저물고
용과 뱀이 다 죽으니 때는 장차 가을이라.

선비 되자니 이미 늙었고 돌아가 농사짓자니 또한 늦어서
홀로 바람 앞에 우뚝 서서 눈물을 거두지 못하노라.

聞說金城多俊士　欲除吾敎鬧啾啾

狗偸鼠竊僧挑禍　木食雲衣客轉愁

玉石俱焚天又暮　龍蛇等斃歲將秋

爲儒已老歸耕晚　獨立風前淚不收

• 「무술년 가을 9월 16일에 삼황오제의 덕을 겸비하신 성상께서 여러 지방의 불사를 헐어버린다는 말을 듣고 놀라, 피눈물이 건을 적시는 것도 깨닫지 못하고 유독 불교만이 지극한 다스림의 혜택을 받지 못함이 유감스러워 눈물 흘리며 몇 수 지어 여러 벗에게 보이다」戊戌之秋 九月旣望 驚聞聖上以兼三五之德 燒毁諸方佛寺 不覺血淚沾巾 憾其獨不蒙至治之澤 泣成數律 以示諸友云,『허응당집』

이 법난은 사헌부에서 상소문을 올려 중종의 전교를 받아 시행에 들어갔으나, 이후 사헌부에서 승려 소요사태 등의 폐단이 일어날 것을 우려하여 경기·전라 양도에서부터 순차적으로 진행되도록 건의할 정도로 강력한 폐불 조처였다. 어느 한군데 몸 붙일 곳이 없는 세상이 되었으니 그 마음은 얼마나 비통했겠는가. 절들이 마구 훼손되고 스님들은 무고하게 잡혀가 옥에 갇히는 사태를 접한 대사는 그런 세상과 무력한 자신을 한탄할 수밖에 없었다. 스님들이 죄도 아닌 죄를 덮어쓰고 옥에 갇히는 사태가 비일비재하였다. 『허응당집』에는 스님들이 무고하게 옥에 갇혔다는 소식을 접하고 쓴 시가 몇 편 수록되어 있다.

들으니 보은 땅 스님이 예절을 몰라

호협을 잘못 영접한 죄 형벌 받아 마땅하나,

어찌 알랴! 한 사람 벌주어 천백 사람 징계하려고

지은 죄 형벌에 당치도 않는데 일부러 벌하는 줄.

聞說報恩僧失禮　誤迎豪俠罪當刑

安知罰一懲千百　罪不當刑故致刑

　•「벽사 주지승이 옥에 갇혔다는 소식을 듣고」聞甓寺主僧繫獄, 『허응
당집』


아침엔 높은 덕 있는 스님으로 선상에 기대었다가

저녁엔 가장 흉악한 자되어 감옥에서 부르짖고 있네.

표주박 하나로 세상을 가벼이 여기는 나그네

한평생 무사히 세월 보냄을 얼마나 부러워하였던가.

朝爲盛德偃禪床　夕作窮凶叫獄場

幾羡一瓢輕世客　百年無事送時光

　•「뒤이어 용문사 주지승이 옥에 갇혔다는 소식을 듣고」聞龍門主繼以
囚獄, 『허응당집』


미끼 탐낸 물고기는 어부 손에 오르게 되고

어쩌다 낮게 날던 새들도 그물에 걸리는구나.

이로써 알겠노라 세상 버린 사람은 깊이 숨어

이름 팔지 말고 산골짜기에서 늙어야 하는 것을.

魚仍貪餌登漁手　鳥或低飛觸網羅

從此便知遺世士　深藏不市老巖阿

　•「사 스님이 붙잡혀 옥에 갇혔다는 소식을 듣고」聞思公繫捉, 『허응당집』

위에 언급한 세 편의 시는 당시 억울하게 옥에 갇히게 된 스님들의 사연을 읊고 있다. 당시 고을 수령들은 도첩度牒을 지니지 않은 무도첩승無度牒僧을 색출한다는 명분하에 사찰을 검색하고 조금이라도 문젯거리를 만들어 승려들을 가두었으며, 무뢰한 유생들은 사찰을 찾아가 승려들을 멸시하고 기물은 물론 불상에 이르기까지 마구 훼손하였으며, 조금이라도 거슬리면 행패를 부리곤 하였다. 더군다나 이를 막는 과정에 조금이라도 문제가 생기면 곧 그것이 이유가 되어 승려들은 옥에 갇히고 죄를 뒤집어썼다.

세태가 이러하니 누군들 사찰에 남아 불법을 보존할 수 있겠는가? 뜻 있고 도를 지닌 스님들마저 산속 깊이 은둔하여 세상과 멀리하는 것이 난세를 헤쳐 나가는 방법이라 생각하고 인적이 끊긴 외딴 암자에 몸을 의탁하여 밝은 세상 오기를 부처님께 향 사르며 축원할 수밖에 없었을 것이다. 금강산에서 6년간 수행을 마친 후 유행 길에 오른 대사는 이러한 난세를 접하고는 다시 금강산으로 발길을 돌리지 않을 수 없었다.

> 인간 세상엔 하도 풍파 심해서
> 다시 옛 선정禪庭으로 돌아가노라.
> 주리고 얼어서 차라리 죽었으면 죽었지
> 세상 물정은 아예 꿈꾸지도 않으리.
> 人間多今洞　還向舊禪庭
> 飢凍寧投死　不曾夢世情
> •「선상인에게 드리며 이별함」示禪上人見別, 『허응당집』

보우대사는 29세인 중종 33년 여름에 금강에서 하산하였다가 이듬해

보우대사가 10년간 사찰과 암자들을 편력하며 자재로운 시간을 보낸 금강산.
표훈사 · 정양사 · 장안사 · 유점사 · 보덕굴 · 사자암 · 마하연 등을 찾아 읊은 시들은
그의 문집에 수록되어 있다.

봄에 다시 들어가, 이후 4년간 다시 금강의 산수 좋은 곳을 다니며 도반들과 도를 논하기도 하고 제자들을 가르치기도 하며, 때로는 유생들과 시를 주고받으며, 스스로 보림하는 기간을 갖는다.

당시 불교계는 척불정책으로 말미암아 밖으로는 유교와 불교 사이에 다툼이 있었고, 안으로는 스님들조차 서로를 비방하는 등 매우 어지러웠다. 1차 하산하여 당시 불교계의 현실을 직시한 대사는 이 기간에 불교가 처하고 있는 대내외의 문제점에 대하여 자신의 분명한 시각을 정리하였던 것으로 생각된다.

보우대사는 4년이 지난 중종 38년1543, 33세 되는 해 봄에 금강산에서 다시 내려오는데, 이로써 대사의 금강산 수도 기간은 전후를 합하여 총 10년이 된다.


거문고 안고 달아나 흰 구름 그늘에 들어가서
십 년 동안 명성 숨기고 깊은 곳에서 지냈네.
득도得道로 오랜 서원 이루어 기뻐하는 듯했는데
입행立行에 처음 마음 저버린 것이 우습구나.
抱琴逃入白雲陰 十載韜聲在陸沈
得道似欣成宿誓 立行堪笑負初心
•「흠스님의 시운을 따서 옥스님에게 보여줌」次欽公韻兼示玉師 중에
서, 『허응당집』


십 년을 금강산에서 소요하던 사람이
꽃 피는 춘삼월에 푸른 산을 내려가네.
부끄럽도다, 병든 중 숨겨둔 술법 없는데도

부질없이 어린 사람들 내 뒤를 따르게 하였으니.

十年楓岳逍遙子 三月春花下翠微

慙愧病僧無秘術 謾敎童稚繼蹤追

• 「산에 있던 진·은 두 사미가 내가 구름 밖을 나간다는 소식을 듣고 산 아래까지 따라왔기에 시를 지어줌」山有眞誾兩沙彌 聞余出雲 追至山下 以詩贈之, 『허응당집』

『명종실록』에서는 보우대사에 대하여 다음과 같이 평하고 있다.

승도의 우두머리는 보우이다. 보우는 처음 금강산에 우거하였는데 수륙정재水陸淨齋를 창도하니 원근에서 사람들이 구름처럼 몰려왔다. 사람들이 모두 그의 말만을 따랐으므로 재화를 산처럼 얻었다. 보우는 간활奸猾한 적으로 장광설長廣舌을 가지고 있었으므로 선비들 중에도 교유하는 자가 있었는데 그가 때를 얻었기 때문이다.

• 『명종실록』 권13, 7년 8월 무오

다카하시 도오루는 「『허응당집』과 보우대사」라는 글에서 이와 같은 『명종실록』의 기록을 인용하여 보우대사가 금강산을 떠나오기 전에 수륙재를 설행하고 큰 재화를 얻어 그로써 큰일을 도모하려 했다고 언급하고 있다. 그러나 실제로 그는 이 기간 중에 재화는커녕 기본 생활을 유지할 수 있는 양식조차 여유가 없었다. 금강산에서 수도하던 때도 그랬지만 하산한 이후에도 생활이 어려워 그와 교유하던 선비들이 양식을 보내주곤 하였던 것이다.

다음의 시는 보우대사가 금강산에서 하산한 이후 양식이 떨어져 굶주린다는 소식을 듣고 한 진사라는 사람이 식량을 보내준 것에 화답한 시로, 궁핍한 생활의 한 단면을 보여주고 있다.


　　게을러 생계도 꾸려가지 못하는 나그네.

　　구름 깊은 산중에는 친구 하나 없구려.

　　발우는 텅 비어 거칠어지고

　　형색은 굶주려 파리해졌네.

　　어찌 당신같이 벼슬 높은 집안의 배부른 사람이

　　멀리 병든 중 굶주림을 불쌍히 여기리라 생각이나 했으리오.

　　다른 인연으로는 감사를 표시할 길 없기에

　　다만 이곳에서 축수를 드리리라.

　　懶不謀生客　雲山沒舊知

　　鉢因空欲澁　形到餓將羸

　　豈謂榮門飽　遙憐病釋飢

　　他緣無可謝　但祝壽於斯

　　•「한 진사가 나의 벽곡소식을 듣고 양식을 보내주어 느낀 바 있어」韓
上舍聞余辟穀 惠料有感,『허응당집』


## 유·불·도 삼교를 섭렵하다

　우리나라에서 유교·불교·도교의 삼교를 조화 또는 회통會通시킨 사상을 가장 먼저 기록한 분은 고운孤雲 최치원崔致遠, 857~?이다.『삼국사기』에는 최치원이 신라 화랑이었던 난랑鸞郎을 위하여 지은 비의 서문 중 일부가 인용되어 전한다.

　"나라에 현묘한 도가 있으니 이를 풍류라 한다."國有玄妙之道 曰風流

신라 대문장가로 이름을 떨친 최치원은 우리나라 최초로
유·불·도 삼교의 사상을 조화·회통시켜 하나의 체를 이루어 기록하였다.
그는 유학자를 자처했지만 도교에도 조예가 깊었다.

최치원은 풍류의 내용을 가정에서 효도하고 나라에 충성할 것을 가르치는 유교와 무위無爲의 일에 처하여 불언不言의 가르침을 행하는 도교, 모든 악한 일은 하지 말고 모든 선한 일을 받들어 행하라는 불교 사상이 포함되어 어우러진 것이라고 적고 있다. 신라를 이끌 인재로 양성되고 있었던 화랑들은 풍류도의 가르침을 받들어 수련하였는데, 당시 교육의 이념으로 받들어진 도가 바로 삼교의 조화로 이루어진 사상인 풍류도였다. 풍류도는 우리의 선조들이 삼교의 사상을 서로 이질적이며 모순된 것이 아닌 서로 조화되고 일치되는 사상으로 이해하고 받아들인 결과였다.

고려시대에 이르기까지 유·불·도 삼교는 서로의 교리를 존중하고 이해하려고 노력하는 풍조를 견지하여, 고구려 말기의 도교와 불교와의 각축을 제외하고는 대체로 크게 대립하는 일은 없었다. 그러나 조선시대에 들어와 숭유억불의 기운이 팽배해지자 유가에서는 불교를 말살하려는 정치적인 목적으로 불교사상을 비롯하여 모든 불교적 요소들을 비판하고 배척하였다. 불가에서는 이에 대항하기 위하여 유불조화론 또는 배불에 대한 반론, 불교 우위론 등 새로운 사상과 논리를 내놓았다.

시대적 정치상황과 매우 밀접한 연관을 지니는 이러한 흐름은 자기 종교의 교리를 타 종교와 비교하여 이론적으로 합리화하고 우월화하려는 비교 종교론적인 사상의 발아라고 볼 수 있다. 이러한 과정을 통하여 종교 내지 철학적 이론이 성숙되어가는 모습 또한 한국사상사에서 귀중한 가치를 지니는 것이라 하겠다.

특히 우리나라는 동북아 지역 사상의 용광로라 할 수 있다. 이 지역의 모든 철학과 종교사상이 우리나라로 일단 들어오면 우리 사유의 틀 속에 녹았다가 다시 새로운 모습의 발전된 사상으로 변모하기 때문이다. 따라서 우리의 전통적인 사유 속에는 예로부터 전해온 민간신앙적인 요소에서부터 유교·불교·도교 등 외래 종교사상들이 녹아 함께 공존하고 있다. 한국의 사상을 논함에 있어 이를 하나하나 분리해서 파악하면 큰 숲을 보지 못하고 나무만 보는 우를 범하기 쉽다. 삼국시대부터 조선시대에 이르기까지 선조들은 다양한 삼교의 종교성과 철학, 사상체계와 그 내용을 꿰뚫고 있었기 때문이다.

한국 불교사상 또한 이러한데, 원효 이래 불교 안의 여러 대립적인 이론들을 회통하여 화쟁和諍시키고 이를 바탕으로 새로운 사상을 창조해나가는 통불교通佛敎적인 역사성을 지니고 있다. 이러한 종교 내부 또는 외부와의 상호조화 내지 회통會通을 통한 사상의 발현은 새로운 사상 출현의 단초를 제공하는 긍정적인 면을 지니고 있지만, 반면에 종교 간에 서로 우월한 입지를 확보하려는 과정에서 나타나는 부정적인 면도 지니고 있다.

보우대사가 불교 이외에 유학과 도교에도 깊은 관심을 가지고 있었던 것은 이와 같은 삼교의 역사성이 우리의 사상사 흐름에 주류를 이루고 있었기 때문일 것이다. 유학과 도교에 어느 정도 조예와 관심이 있었는지는 그의 문집에 수록된 글들이 잘 웅변해주고 있다. 그는 대장경뿐 아니라 유교 및 도가 경전에도 거의 달통하였다. 그는 불교를 논리적으로 배척하려는 한 유생에게 주는 글에서 "일찍이 대장경을 다 보았고, 비록 내·외서에 정통하지는 못했으나 대략을 섭렵하여 아는 데 부끄러움이 없다"고 자신 있게 말하고 있다. 또한 평상시 불전 이외에도 유가서와 노장 관계 서적을 가까이 하여 금강산에서 내려와 국계암에 머물 때에는 『장자』를 보았고, 선종판사직을 사임하고 청평사에 거처할 때에도 『중용』을 읽고 있었다. 만년에 세심정에 머물 때에도 "한가로이 『주역』「계사전」을 읽으며 공자를 스승으로 하고, 『장자』「제물」편을 읽으며 장자를 벗한다"고 읊고 있다. 또한 자신을 평하여 "나는 세 성인의 가르침을 따르는 사람"이라 하며 다음과 같이 읊고 있다.

사람 성품 본래 착하니
착하지 아니하면 사람 아닐세.
성품 저버리지 아니하려면
착한 일 하는 데 꾸물거리지 말지라.
복은 착한 일에 인연하여 경사 찾아오고
화는 악한 일 쌓이는 데서 찾아오느니.
착한 일 권장하여 악한 것 징벌함은
세 성인부처님 · 공자 · 노자 모두가 함께 펴신 진리라네.
나는 세 성인의 가르침 따르는 사람.
그래서 여러 어진 분들께 권하노니
만일 그대 뜻에 맞는다면
상자에 쌓아놓은 보배 아끼지 말지어다.

人性本皆善　不善人非人
若要不負性　爲善莫因循
福緣善慶至　禍自惡積臻
肆勸善懲惡　三聖皆同伸
吾遵三聖者　故來勸諸仁
倘能愜雅意　毋惜貯箱珍
•「권선게」勸善偈, 『허응당집』

석가모니 부처님을 위시해서 과거에 일곱 부처님이 계셨는데 그분들이
공통으로 지켰던 근본 계를 칠불통계七佛通戒라고 한다. 일곱 부처님들이

54

근본으로 삼았던 불교의 가르침은 어려운 도를 실천하는 것이 아니었다. 그것은 바로 "나쁜 짓 하지 말고 착한 일만 행하여서 내 마음이 깨끗하면 이를 일러 불교라 하네"諸惡莫作 衆善奉行 自淨其意 是諸佛教라는 말이다. 삼교의 성인들이 추구하는 진리는 현실을 뛰어넘는 고차원의 것이 아니라 바로 평범한 권선징악에 있는 것이다.

뿐만 아니라 대사는 만년에 유교적 수행에 대해서도 "격물치지格物致知 공 이룬 사람, 구름 속에 나와 같은 이 또 누가 있겠는가"라며 자신하고 있었으며, 도가에서 말하는 신선의 경지도 자신의 자재한 경지에 비할 바가 아니라는 견해를 가지고 있었다. 그래서 그는 "왕교王喬가 학을 탔다고 해도 그 정신 아직도 얕은 경계이며, 어구禦寇가 바람을 타고 다녔다 해도 그 도는 역시 거꾸로 된 것"이라고 도가의 신선 경지를 일축하였다.

이로써 보우대사는 유교는 물론 노장에 관한 외전에도 깊은 관심과 이해가 있었을 뿐만 아니라 수행 면에서도 자신을 가지고 있었음을 알 수 있다. 그래서 그의 저술에 수록된 시문에는 불교를 근저로 하여 유교와 도교의 사상이 저변에 깔려 있는 곳이 많다. 이는 그가 삼교를 일이관지一以貫之하여 회통하고 있음을 보여주는 것으로 앞으로 논의되는 내용이 이를 증명하여 줄 것이다.

개괄적으로 본다면 보우대사의 삼교회통 사상은 불교의 선과 화엄사상을 근간으로 유교의 공맹사상과 성리학 그리고 도가의 노장사상이 원융무애하게 용해된 결정체라 할 수 있겠다. 이 때문에 그의 해박하고 뛰어난 예지와 문장은 차츰 세상에 알려졌고, 여러 문사들이 시문을 건네며 교우를 청하였으며 심지어는 유생들까지 찾아와 배우기를 청하였다. 배우기를 청하는 유생들을 대사는 이렇게 대하였다.

근래 절에 중 없은 지 오래되어

나 같은 자도 소문이 멀리 났네.

아직 불경 반 게송도 제대로 알지 못하는데

어찌 유가의 서책을 모두 알겠는가.

다만 며칠간 그대와 이야기하는 일은 받아들이겠네만

장시간 세상의 시끄러움 끌어들임은 허락하지 않겠네.

그러나 불경을 배우고자 하면 내 어찌 마다하리오.

그대를 위해 하루 종일 친절하게 말해주리라.

邇來禪苑無僧久　若予人聲亦遠聞

竺詰未能知半偈　魯書焉得解全文

只堪數日容君話　不許長時引世紛

然欲學經吾豈已　爲渠終日說殷勤

•「어떤 객이 병승인 내가 유서儒書에 해통하다고 잘못 듣고 와서 배우기를 청하여 시로 물리치다」有客誤聞病客解通儒書 來欲學問 以詩却之,
『허응당집』

찾아온 유생이 아마도 매우 공손히 가르침을 구하였던 모양이다. 대사는 이처럼 겸손한 태도를 지닌 사람이면 그가 불자이건 유생이건 구분하지 않았다. 아무리 아랫사람이라도 겸양의 태도로 대하는 인간적인 모습을 발견할 수 있다. 또한 배우고자 찾아온 자를 그냥 물리치지 않고 가르침을 권태롭게 여기지 않는 훌륭한 스승의 면모를 보이고 있다. 그러나 대사는 지나치지 않는 법도 내에서 가르침을 베푸는 엄격함도 함께 지니고 있어 배우기를 구하여 찾아온다 하여 아무에게나 함부로 가르침을 펴지는 않았다. 또 배우고자 하는 내용과 태도를 살펴 중도中道로 대하였는데, 다음의 시는 그런 기품을 잘 보여주고 있다.

> 인간세계 부귀영화 누리던 손님
> 책 보따리 짊어지고 산에 오른 뜻 슬프구나.
> 선비가 어찌 중의 제자 노릇 할 수 있겠나.
> 병든 나도 남의 스승 되기 부끄럽도다.
> 선비를 찾은 중은 시어詩語를 구해야 합당하고
> 중을 찾은 선비는 응당 부처님 말씀을 물어야 하나니,
> 나의 선을 떨어뜨리지 말고 돌아감이 좋겠소.
> 내 무엇 때문에 그대에게 시끄러운 얘기를 하리오.
>
> 人間富貴榮門客　負笈登山意可悲
> 儒士豈堪爲釋弟　病僧還愧作人師
> 尋儒釋合求詩語　訪釋儒應問佛辭
> 無落吾禪歸去好　我何之子作喧斯
>
> • 「어떤 객이 배우기를 구하여 산에 이르다」有客求學到山, 『허응당집』

배우고자 산사를 찾아왔다면 당연히 불법을 물어야지 시문을 구해서는 안 된다는 것이다. 보우대사는 유가와 불가의 학문상 법도를 따져 시문을 배우러 온 유생을 물리쳤다.

배불의 기운이 온 나라 안에 팽배해 있는 상황에서 공부하고자 하는 유생들이 유학자가 아닌 스님에게 찾아와 배움을 구하기란 그리 용이한 일은 아니었을 것이다. 더구나 배우고자 하는 것도 불교가 아닌 유학의 경전이나 시문에 관한 것이고 보면 그가 불교는 물론 유학과 시문에도 깊고 해박한 지식을 지니고 있어 당시 명성이 높았음을 미루어 짐작할 수 있다.

## 불이不二의 시 세계

시는 인간 내면 깊숙한 곳의 세계를 가장 순수하고 진실하게 언어로 표출하는 수단이다. 그래서 인류 역사상 수많은 사람들이 언어와 형식은 다르지만 공통적으로 시를 사랑하고 아껴왔던 것이리라. 공자孔子도 시를 매우 중요시했다.

『논어』에 보면 공자는 그의 아들인 백어伯魚에게 "시를 배웠느냐? 사람이 시를 배우지 않으면 말을 할 수 없다"고 하였으며, 제자들에게도 "너희들은 왜 시를 배우지 않느냐? 시는 선한 마음을 일으켜 덕행과 정사를 관찰할 수 있으며, 여럿이 모여 화목하게 지낼 수 있고, 완곡한 표현으로 원망스러운 심경을 토로할 수 있으며, 가까이는 어버이를 섬기고 멀리는 군주를 섬길 수 있다"고 가르쳐, 시야말로 모든 것의 근본임을 역설하였다.

불교에도 게송偈頌이라고 하는 시 형식의 경문이 있다. 경을 설하는 가운데 부처님의 공덕을 찬탄하거나 가르침의 내용을 다시 요점만을 간추려 시의 형식으로 표현한 글로서 경전의 정수精髓이다.

이처럼 동서고금을 막론하고 시가 글 가운데 가장 높은 가치로 평가되고 있는 이유는 비록 몇몇 단어만이 짧게 나열되지만 그 몇 마디 속에 사물과 인간에 내재한 모든 진리와 도가 함축되어 표현되기 때문일 것이다.

그러나 불교의 선종에서는 교종과 달리 말이나 글을 불신한다. 말과 글은 헛된 집착을 일으켜 오히려 도를 깨우치는 데 방해가 된다고 생각하기 때문이다. 그러나 역대 선사들은 역설적이게도 그 버린 문자와 언어를 다시 빌려 깨달음의 세계를 가르쳐주는 선어록들을 많이 남겼는데, 이것은 중생구제의 방편이기 때문이다.

보우대사는 시를 몹시도 사랑하였다. 시를 통해 척불 시기에 불교를 대

변하였고, 또한 시는 그가 불교의 중흥을 이루어내는 데 큰 역할을 하였다. 시와 대사는 사실상 떼려야 뗄 수 없는 관계이다. 대사가 조정의 대신들을 비롯해 여러 선비들과 허심탄회하게 우정과 도를 논하고 세상에 이름을 드러낸 것도 그가 시를 사랑했고 더구나 훌륭한 시를 짓는 재능이 있었기 때문이다. 그 재능은 절묘한 문자의 나열에 있는 것이 아니라, 본연의 청정한 진여眞如가 표출되어 나오는 적연부동한 본심자리를 있는 그대로 노래하는 데에 있었던 것이다.

　하지만 불립문자不立文字, 언어도단言語道斷이라는 선의 근본 취지를 생각한 대사는 시를 짓고자 하는 마음이 일어나는 것을 마귀로, 참선하고자 하는 마음을 장수將帥로 보아 자신의 내부에서 끊이지 않고 일어나는 서로의 갈등을 어떻게 하면 없앨 수 있을까 고심하였다. 그것마저 다시 시로 적어 표현하였으니 시를 좋아하고 사랑하던 마음만은 어쩔 수 없었는가 보다.

> 시마詩魔와 선장禪將이 서로 자웅을 다투어
> 밤낮으로 내 마음 공격하니 몹시도 시름겹구나.
> 장수가 사양하면 마귀는 필진을 일으키는데
> 마귀는 장수에게 명검을 쓰지 말라 설득하리.
> 난형난제라 하면 마귀의 정은 만족하겠지만,
> 약한 쪽도 강한 쪽도 없기에 장군 기세 높아지네.
> 어떻게 하면 두 원수를 모두 다 쳐버려서
> 태평한 나라 마음대로 종용할까.
> 詩魔禪將兩爭雄　愁殺天君日夜攻
> 將必遜魔興筆陣　魔應輸將倒邪鋒

難兄難弟魔情快　無弱無强將氣濃

安得二讐俱打了　大平家國任從容

•「참선하려는 마음과 시 지으려는 마음이 앞을 다투어 끊이지 않음」

禪心詩思爭雄不已, 『허응당집』


보우대사의 시와 참선의 갈등이 재밌게 표현되어 있는데, 곧 이러한 다
툼도 그치고 시와 참선은 조화롭게 하나가 된다. 저작 시기로 볼 때 앞의
시는 금강산 수행기에 지은 것이고, 다음 시는 선종판사를 맡은 이후에 지
은 것이다. 앞의 시에서는 내면에서 갈등을 빚고 있던 시의 마귀와 선의 장
수가 다음 시에서는 서로의 갈등이 원융무애하게 하나 됨을 볼 수 있다.


동반자 없이 홀로 봄산 그윽한 곳 찾아가니

길 양쪽 복사꽃 지팡이 머리에 와 닿는구나.

성긴 비 내리는 밤 상운암에서 하룻밤을 묵으니

선심禪心과 시사詩思 모두 유유하도다.

春山無伴獨尋幽　挾路挑花親杖頭

一宿上雲疎雨夜　禪心詩思兩悠悠

•「상운암에 묵으며」宿上雲菴, 『허응당집』


참선하는 마음과 시 지으려는 생각이 유유한 것은 서로 걸림이 없기 때
문이다. 대사에게 있어서 시든 참선이든 서로 대립되는 것이란 없다. 그에
게 비춰지는 대상은 모두 인지됨과 동시에 그 대상에 몰입되어 하나가 되
는 것이다.

보우대사의 시는 시기에 따라 다음과 같이 변화됨을 볼 수 있다. 처음의

자기 자신의 투명한 마음을 통하여 보이는 자연 그대로를 시어로 표현하
는 기초단계로부터, 자신을 승화시켜 스스로가 자연에 동화되는 단계, 다
음의 자연이 벗이 되어 자기에게 다가와 상응하는 단계, 마지막의 자연과
내가 하나가 되는 물아불이物我不二, 물아합일物我合一의 단계이다.

　대사는 시를 통해서 자연과 더욱 깊이 교감하였는데, 그가 대하는 달 밝
은 밤, 푸른 시내, 솔바람, 솔 그늘, 만 겹 봉우리의 산색과 푸른 하늘에 떠
가는 한 조각 흰구름, 산사의 그윽한 종소리 등의 모든 자연현상이 참된 벗
으로, 스승으로 다가왔다. 그는 시를 통해 자연과 어우러지고 그들과 소
통했다.


　　　요사채에서 사흘 묵고 표훈사에 가
　　　우뚝 앉으니 까닭 없이 온갖 감회가 생기누나.
　　　학은 늙어 새끼의 선후도 모르고
　　　새로 단장한 절, 고금의 경영을 기억하기 어렵네.
　　　종소리 맑은 달 밝은 밤, 시흥을 돋우고
　　　솔 그늘 파란 물, 가는 객 발길을 멈추네.
　　　십 년을 머뭇거리던 묵은 빚, 갚고도 남음이 있으니
　　　다시 온 정감, 옛 정감보다 뛰어나구나.
　　　過寮三宿訪題名　兀坐無端百感生
　　　鶴老不知先後子　寺新難記古今營
　　　鍾淸夜月挑詩興　水碧松陰駐客行
　　　剩償十年延佇債　重來情勝舊年情
　　　• 「거듭 표훈사에서 노닐며」重遊表訓寺, 『허응당집』

표훈사는 이름 그대로 해동 화엄의 창시자 의상義湘의 상수上首 제자인 표훈表訓이 창건한 사찰이다. 『삼국유사』에는 표훈에 대한 다음과 같은 일화가 전해진다.

아들이 없던 경덕왕景德王은 어느 날 표훈을 통해 상제上帝께 아들을 갖게 해달라고 청했다. 표훈이 하늘에 올라가 상제께 고하였으나, 상제는 "딸은 얻을 수 있지만 아들은 얻을 수 없다"고 했다. 이 말을 전해들은 경덕왕은 다시 딸을 바꿔서 아들을 만들어 달라고 하였다. 하는 수 없이 표훈이 다시 하늘에 올라가 청하니, 상제는 "가능은 하지만 그렇게 하면 나라가 위태로울 것이다"라고 말하며, 표훈에게 "하늘과 사람 사이는 문란할 수 없는 법인데, 스님은 하늘과 사람 사이를 이웃마을처럼 왕래하며 천기를 누설하고 다녔으니 이후로는 다시 다니지 마시오"라고 당부하였다고 한다.

표훈은 경덕왕이 계속 아들을 고집하자 결국 아들을 낳게 해주었다. 그가 후에 혜공왕惠恭王이 되었다. 하지만 정사를 잘 다스리지 못해 나라에 큰 난리가 일어나고 마침내 죽임을 당하였다. 표훈 이후 신라에는 다시 성인이 나지 않았다고 기록하고 있다. 그 때문인지 표훈사는 금강산의 사찰 가운데 왕실의 비호를 가장 많이 받은 곳으로 알려져 있다.

표훈사를 찾은 보우대사는 이 절의 유구한 역사를 새끼의 선후도 모르는 늙은 학에 비유하며, 달밤에 맑게 퍼지는 범종 소리와 우뚝 선 푸른 솔과 맑은 시내가 어우러지는 장관에 도취되어 저절로 이는 흥을 한 수의 시로 읊조리고 있다.


금강 최고봉에 홀로 올라서
천지를 굽어보니 생각 더욱 짙어지네.

표훈사. 금강산은 법기보살이 머무는 곳으로 표훈사 동북쪽의 가장 높은
봉우리를 법기진신이라 이르며, 따라서 이 절은 금강산 법기신앙의 중심지가 되고 있다.
신라 문무왕 때 표훈이 창건했다고 전한다.

가을 깊은 시내에는 파란 유리보석 펼쳐졌고

된서리 내린 산은 붉은 비단 걸쳤구나.

돌길은 저 멀리 아스라이 비껴 있고

초가 암자 자그맣게 흰 구름 속에 보이도다.

선경에 빠져 늦도록 돌아갈 길 잊었는데

들리는 저녁 종소리 숲 뚫는 듯하여라.

獨上金剛最上峯　俯看天地意彌濃

秋深澗展琉璃碧　霜中山披錦繡紅

石逕遙橫黃葉底　茅庵微露白雲中

留連竟夕忘回步　彷彿穿林出暮鍾

　•「망고봉에 올라」登望高峯, 『허응당집』


　마치 한 폭의 가을 풍경이 눈앞에 펼쳐진 듯하다. 푸른 시냇물과 울긋불긋 비단 같은 산 빛, 그리고 흰 구름 속에 어렴풋한 초가 암자 등 금강 높은 봉우리에 올라 병풍처럼 펼쳐진 사방의 비경에 도취되어 갈 길도 잊고 있는데, 어느덧 황혼 녘이 되어 중생을 깨우치는 범종 소리가 산을 휘돌아 울려 퍼지는 금강의 정취를 그리고 있다.


　높은 절 홀로 찾아 삐죽 솟은 봉우리 바라보니

백골산 풍광이 눈 가득히 맑게 빛나네.

조실은 적막하여 달빛만 비추고

쓸쓸한 불감에는 솔바람 소리만 들리네.

진신사리 함 열어 친견하니

허깨비 세상 뜬 명성 꿈속에도 놀라네.

누가 알랴! 산문 에워싼 길이 푸른 잣나무는

예나 지금이나 한결같이 생멸 없는 법을 말해주는 줄.

獨尋高寺望崢嶸　白骨山光滿眼淸

祖室寂寥惟月色　佛龕蕭索自松聲

眞身舍利開函見　幻世浮名入夢驚

誰識繞門長翠栢　無今無古話無生

•「정양사에 묵으며」宿正陽寺, 『허응당집』

표훈사 뒤로 약 5리쯤 떨어진 곳에 정양사가 있는데, '정양'正陽이란 산의 정맥正脈이라고 하여 붙여진 이름이라고 한다. 『신증동국여지승람』新增東國輿地勝覽에 따르면 고려 태조가 이곳에 올라왔을 때 법기보살이 나타나 바위 위에서 광명을 보였는데, 태조가 이 일을 잊지 못하여 빛이 나타난 바위에 예배하고 그곳에 절을 세웠다고 한다.

정양사를 찾은 대사는 자연에서 생멸을 초탈한 진리를 체득하였다. 묵묵히 절을 에워싸고 있는 푸른 잣나무는 나고 멸함이 없는, 즉 불생불멸不生不滅의 진리를 깨우치고 있는 참 스승인 것이다. 생사윤회生死輪廻를 거듭하는 허깨비 속세의 부질없는 명성에 대사는 꿈속에서조차 놀라며, 한 겨울의 백골산 풍경, 적막한 달빛, 솔바람 속에서 변함없이 푸른 잣나무를 통하여 생멸을 뛰어넘는 진여眞如의 세계에서 유유자적하고 있는 것이다.

절마다 모두 아름답게 빛나는데

안심대만 홀로 옛 암자일세.

연꽃 향 난간에 가득하고

덩굴 사이로 비치는 달빛, 차갑게 불감에 스며드네.

금강산 정양사. 표훈사 북쪽에 있는 사찰로, 고려 태조가 이곳에 올라
법기보살의 현신을 보고 그 자리에 세운 절이다. 법기보살이 현신한 곳을
방광대(放光臺)라 하고, 태조가 예배드린 곳을 배점(拜岾)이라 한다.

눈 맑으니 산을 보아도 그 빛 청백하고
가슴속 맑으니 우물물 마셔도 그 맛 달구나.
여기가 바로 안심하는 곳.
무엇하러 다시 조실 관문에 참배하랴.
寺寺皆輪煥　安心獨古庵
陸蓮香滿攬　蘿月冷侵龕
眼淨看山白　襟淸飮井甘
安心只這是　那復祖關參

• 「안심대에 묵으며」宿安心臺, 『허응당집』

　안심대를 찾아 자신과 자연 간에 피차의 차별이 존재하지 않는 진리의
세계를 맑은 눈과 청백한 산빛, 맑은 가슴과 담백한 우물물을 통하여 표현
하고 있다. 눈앞에 펼쳐진 푸른 산과 가슴속까지 와 닿는 순수한 물맛, 그
모든 것이 바로 비로자나불이 나타내 보인 진여의 세계이니 무엇 하러 다
시 조실에 참배하며 깨달음을 구하겠는가? 대사에게 번뇌와 집착이 티끌
만큼도 없으니, 모든 삼라만상이 참모습으로 그대로 하나인 진리의 세계,
그 자체인 것이리라.

　까마득히 매달린 파란 절벽 바라보니
구리 기둥에 범궁이 걸렸구나.
금빛 향로 향 내음 자욱하고
옥경의 메아리 영롱하여라.
골짝마다 천 봉우리 달이 밝고
산은 만폭의 바람 부르짖네.

그 누가 알랴, 관자재보살이
가는 곳마다 신통을 나타내신 것을.
絶望懸蒼壁　銅幢掛梵宮
金爐香馥郁　玉磬響玲瓏
洞白千峰月　山號萬瀑風
孰知觀自在　當處現神通

• 「보덕굴에 묵으며」宿普德窟, 『허응당집』


보덕굴은 본래 법기봉法起峯의 허리 부분 산기슭 절벽에 있는 자연굴로, 고구려 영류왕10년627 보덕普德이 이 굴을 이용하여 지은 작은 암자이다. 보덕굴이 차지하는 미적인 비중은 금강에서 결코 빼놓을 수 없을 만큼 아름답다. 깎아지른 듯한 벼랑에 박힌 구리 기둥에 의지하여 공중에 달려 있는 작은 암자는 그야말로 사람의 솜씨가 아닌 신의 조화라고나 할까. 금강산 일만이천 봉우리에 둥실 떠오른 달, 그 빛은 온 골짜기를 휘감고, 골짝마다 수많은 폭포의 물소리와 바람소리가 진동하는데, 까마득한 절벽에 걸리듯 구리 기둥 위에 얹혀 지어진 보덕굴에선 향 내음 자욱하고, 바람에 울리는 옥경쇠의 소리는 영롱하게 메아리치니 이 모든 조화가 관자재보살의 신통력이 아니고 무엇인가. 보덕굴에는 백색의 관세음보살이 모셔져 있다고 하는데, 금강산에서도 특히 영험이 있기로 소문이 나서 기도하는 사람이 끊이지 않았다고 한다.


영은암 풍경이 듣던 대로 좋으니
그 기묘한 경관 어찌 수정궁에 뒤지랴.
창은 푸른 바다 물결 머금고

68

금강산 법기봉 중턱에 위치한 보덕암. 깎아지른 벼랑의 돌출부분 위에 지은
이 절은 627년 고구려 승려 보덕(普德)이 수도하기 위해 자연굴을 이용해
창건하였고, 1115년 고려 승려 회정(懷正)이 중창하였다.

문은 검푸른 천 겹 산을 베고 누었네.
저 세간의 종소리 취한 꿈을 흔들고
높은 하늘 별빛들은 쇠한 얼굴에 차갑구나.
나 온 것이 바로 삼월 늦은 봄이라
두견새 울 때 봉우리에 달 떠오르네.

靈隱風光愜素說　奇觀奚揖水晶宮
窓含萬頃滄波碧　門枕千重黛色濃
下界鍾聲搖醉夢　上天星彩冷衰容
我來正値三春暮　杜宇啼時月上峰

• 「영은암」靈隱庵, 『허응당집』

　　창과 문을 의인화하여 바다와 산을 조화시키고, 종소리와 별빛을 취한
꿈과 쇠한 얼굴에 연계시켜 나와 자연과의 묘한 작용을 상징적으로 표현
하고 있다. 또한 두견새 우는 것과 달이 뜨는 것은 아무런 관련이 없지만
늦은 봄 자연적인 인과로 표현하여 마지막 시구를 맺고 있는 것은 마치 도
연명陶淵明이 그의 「잡시」雜詩에 "동쪽 울타리에서 국화를 캐다가 물끄러
미 고개 들어 남산을 바라본다"東籬採菊 悠然見南山고 한 것과 같은 절묘한
표현이다. 이러한 표현은 다음의 여러 곳에서도 볼 수 있다.

　　강론은 무르익었는데 나도 모르게 문득 머리 돌려 바라보니
만경창파에 작은 배 점점이 떠 있구나.

講闌不覺閑回首　萬頃澄波點小船

• 「하거우암」夏居右庵 중에서, 『허응당집』

백천동 물소리 어찌 다 들을 수 있으랴.

고개 돌려 바라보니 산빛이 바다를 침범해 들어가네.

百川洞水何窮聽　回首山光入海侵

　•「불정대」佛頂臺 중에서, 『허응당집』

　진불암을 찾은 보우대사는 늦가을 산과 암자와 스님이 어우러지는 정취에 젖어 스스로 고상하고 한가함을 즐기는 것이 자신의 본래 뜻임을 읊조리고 있다.

　　첩첩 구름 속에 암자 있는데

　　원래부터 사립문은 있지 않았네.

　　대 위 삼목들은 늦푸름을 머금었고

　　뜰에 핀 국화송이 석양빛을 띠었도다.

　　나무는 서리 맞은 열매 떨구고

　　스님은 여름 지낸 옷을 깁는다.

　　고상하고 한가함이 내 본래 뜻이라

　　읊조리고 감상하다 보니 절로 돌아갈 길 잊었노라.

　　庵在雲中處　從來不設扉

　　臺杉含晚翠　庭菊帶斜暉

　　木落經霜菓　僧縫過夏衣

　　高閑吾本意　吟賞自忘歸

　　•「진불암」眞佛庵, 『허응당집』

구름 속 암자는 어느 누가 찾아와도 다 포용함을 사립문이 없다는 말로 표현하고, 늦푸른 삼목과 노란 국화와 붉은 석양이 연출해내는 자연색의 조화와 더불어, 나무에서는 서리 맞은 열매들이 저절로 떨어지는 자연현상의 한가로움과 여유로이 철 지난 여름옷을 깁고 있는 스님을 몇 자 시어 속에 어우러지게 하였다.

대사는 이렇게 시를 통해 깨달음의 세계를 자연과 하나 된 신선세계로 승화시키고 그 속에서 유유자적하게 노닐고 있다. 신선세계를 그리고 있는 시 몇 수를 감상해 보자.

작은 암자 높고 높아 광한루와 이웃했는데
선정에 든 백발 스님 홀로 앉아 졸고 있네.
안개는 비틀거리고 구름은 취해 남녘 북녘 희미한데
피는 꽃 떨어지는 잎으로 봄가을을 알아보네.
한 쌍의 학, 차 달이는 연기 밖에 늙고
만 겹 봉우리 약 빻는 절굿가에 둘러 있네.
듣노니 이 가운데 신선경계 있다 하니
아니, 우리 선사가 바로 영랑선이 아닌가.

小庵高竝廣寒隣　白髮禪僧獨坐眠
醉霧酣雲迷甲乙　開花脫葉紀時年
一雙鶴老茶煙外　萬疊峰回藥杵邊
聞說此中仙境在　吾師無乃永郎仙

• 「수미암에 올라 - 숭장로에게 드림」上須彌庵 - 贈嵩長老, 『허응당집』

한 쌍의 학과 차 달이는 연기, 단약丹藥을 빻는 절굿공이와 둘러싼 첩첩 봉우리가 한데 어우러져 조화된 신선의 경계를 그리고 있다. 그 가운데서 선정에 들어 시공을 초탈한 백발 스님 '숭장로'를 신라시대의 화랑이며 사선四仙 가운데 하나인 영랑永郎에 비유하여 읊은 것이다. 보우대사는 항상 신선과 같이 시를 지으며 유유자적하게 지냈으니, 그가 살고 있던 세계가 곧 신선세계였고 그 자신이 바로 신선이었던 것이다.

소매 같은 두 봉우리 처마 기둥 감싸 안아
그 형세 마치 왕유의 그림붓으로 이룬 듯.
바람은 외로운 배꽃 나무 향내를 두들기고
물소리는 선객의 삼경 꿈을 깨운다.
인간세계는 먼지처럼 늘 어두운데
별천지 신선세계라 햇빛도 한층 맑구나.
동수를 다시 찾아 두 손으로 떠 마시니
참선에 든 십 년 정을 모두 다 잊겠노라.

兩峰如柚擁簷楹　勢若王維畫筆成
風打梨花香一樹　澗搖禪客夢三更
人間天地塵常暝　壺裏乾坤景自淸
銅水更尋雙掬飮　都忘參學十年情
•「불지암에 묵다」宿佛地庵,『허응당집』

그림 같은 경관에 자리한 불지암에 머무니, 어디선지 바람에 실려 오는 배꽃 향내 은은하고 개울 물소리는 끊이지 않고 귓전에 맴돈다. 별천지 신선세계에서 맑은 물 두 손으로 떠 마시며 금강산에 들어와 십 년 동안 참선에 든 정을 훌훌 털어버리는 심경을 읊조리고 있다. 어둠과 티끌로 뒤덮인 세속과 햇빛조차 더 찬란하다고 표현한 신선세계는 극명한 대조를 이루고 있다.

> 어떤 것이 산에 사는 취미일까 하고
> 해 질 녘 솔 창가에 앉아 보니,
> 떨어지는 꽃잎 날아와 물위에 떠 있고
> 묵은 약 달이는 탕기에선 향내가 나네.
> 난간에는 산 오른 짚신 벗겨져 있고
> 상 위에는 벽곡 방문 펼쳐 있어라.
> 이것이 비록 정도는 아니지만
> 지은 업 염라대왕 두렵지 않네.
>
> 欲試幽捿趣　松窓坐夕陽
> 落花飛泛水　陳藥煮生香
> 軒脫登山屐　床披辟穀方
> 斯雖非正道　業不怕閻王
>
> •「원적암 – 한상인에게 드림」圓寂庵 – 贈閑上人, 『허응당집』

　해 질 녘 소나무 드리운 창가에 앉아 자연을 관조하는 모습이다. 떨어지는 꽃잎들은 날아와 물 위에 떠다니고 약 달이는 탕기에선 향내가 가득 풍긴다. 모든 것이 조화되어 자연 그대로의 참 모습을 드러내고 있다. 짚신 신고 온 산을 쏘다니며 자연에 묻혀 살다가 암자에 돌아와서는 벽곡 방문 펴놓고 신선 같은 삶을 살아가니 이것이 바로 산에 사는 취미인지라, 번뇌 망상이라고는 털끝만치도 끼어들 틈이 없다. 자재한 마음 한 점 걸릴 것도 없어 염라대왕도 두렵지 않은 것이다. 그리고 대사는 자신을 잊고 산과 하나가 된다.

산이 나를 받아들일 생각이 있어서가 아니라

내가 아무 생각 없이 푸른 산 빌려 살고 있노라.

내가 곧 산이요 산이 곧 나라서

흰 구름 사이 서로 마주보고 있는 줄도 알지 못하네.

山非有意容貧道　貧道無心假碧山

我卽是山山卽我　不知相對白雲間

• 「산거잡영」山居雜咏 중에서, 『허응당집』


대사에게 있어서 산은 산이 아니고 물도 물이 아니며 자연도 자연이 아닌 자신이었다. 산을 대상으로 보지 않으니 산으로 의식되지 않고, 의식하지 않으니 나의 산의 차별이 본래 없는지라, 산은 산이요 물은 물이지만 결국 이 모든 것이 하나가 되어 불이不二의 세계를 이루게 된다.

보우대사의 시는 재도지기載道之器로서의 문풍과 사장적詞章的인 기예, 방외인方外人의 탈속과 척불세력에 대한 반론 등 다양한 면모를 가지고 있다. 그는 시에서 자신이 깨달은 바의 도를 펼치고 이를 통해 대중들을 깨달음의 길로 인도하고 있다. 또한 그림 같은 수사와 마음 저변의 순수한 성정性情을 통하여 자연과 교감하고 하나가 되는 시어 한 구 한 구가 절실히 우리 가슴에 공감을 불러일으킨다. 이 또한 진정한 시의 아름다움일 것이다.

선비들의 입장에서 보면 대사는 또한 방외인이다. 한편으로는 세속을 떠난 신선세계를 노래하기도 하고, 다른 한편으로 처절한 불교계의 아픈 모습을 현실을 그대로 그려내며 저항하기도 하고 한탄하기도 하였다. 그러나 어느 것 하나 결코 부족한 느낌을 주지는 않는다. 이러한 그의 시격은 단연 당대의 으뜸이라 하겠다.

또한 시의 형식과 작법을 자유자재로 사용하였다. 『허응당집』에 수록된 시는 주로 칠언율시와 오언율시가 많은 부분을 차지하며, 아울러 칠언절구와 오언절구도 적지 않다. 이밖에 사언四言, 육언六言 등 다양한 형식의 시도 읊었다.

작법에 있어서도 요체拗體, 선대격扇對格, 회문回文 등 다양한 형태의 작품을 보이고 있다. 서거정徐居正, 1420~88은 『동인시화』東人詩話에서 요체의 시법에 대하여 다음과 같이 말하고 있다.

요체란 당율唐律이 다시 변한 것으로 고금에 작자가 많지 않다. 그 법은 성율聲律이 변하는 곳을 만나면 응당 평자平字를 내려놓을 자리를 측자仄字로 바꿔쓰는 것으로 사어辭語의 기운이 기건奇健하고 빼어나게 하고자 함이니, 만당晚唐의 시인들이 이 체를 즐겨 썼는데, 정지상鄭知常의 시가 그 묘함을 깊이 얻었고 그 후로는 능히 계승한 자가 없더니 오직 영헌공英憲公 김지대金之岱가 그 기법을 얻었다.[2]

• 『동인시화』권상

서거정이 언급한 대로 요체란 한시 성율의 오묘한 변화를 추구한 작법으로 매우 수준 높은 한시의 형태를 의미한다. 또한 선대격은 한시의 대구법對句法으로 제1구를 제3구에 대對하고, 제2구를 제4구에 대하는 법으로 격구대隔句對라고도 하며, 회문은 바로 읽으나 거꾸로 읽으나 어느 쪽으로도 의미가 통할 뿐만 아니라 시법에 어긋나지 않게 지은 시를 말한다.

대사가 회문으로 지은 시 한 수를 감상해 보자.

소나무 정자에 달과 마주 앉아 맑은 시내 완상하고
바위에 앉아 돌아갈 길 잊었는데 학이 밤을 알리네.

초록빛 봉우리 개울에 거꾸러져 은은하게 흔들리니
밤중에 노니는 흥취 보통 때 정보다 갑절 더하네.
松亭對月翫川清　坐石忘歸鶴報更
峯翠倒溪搖隱隱　夜中遊興倍常情

- 「서천에서 달을 보며 밤에 노닐다, 회문」西川對月夜遊回文, 『허응당집』


이 시를 끝에서 시작하여 거꾸로 읽어 보면 다음과 같다.


보통 때 정보다 갑절 더한 흥으로 밤중에 노니니
은은하게 흔들리는 개울에는 초록빛 봉우리 거꾸러졌네.
밤을 알리며 학 돌아가도록 바위에 앉은 것도 잊으며
맑은 시내에서 달구경 하며 정자 소나무와 마주하노라.
情常倍興遊中夜　隱隱搖溪倒翠峯
更報鶴歸忘石坐　清川翫月對亭松


　그밖에도 서문序文을 병기하는 '병서'幷序의 형식도 즐겨 사용하고 있으며, 또한 「유청평사시이십이운」遊淸平寺詩二十二韻이라는 제목의 시는 오언배율五言排律 22운으로 이루어진 걸작이다. 보우대사는 시작詩作에 있어서 격식과 수사와 기교가 한데 어우러져 어떠한 시든 자유롭게 소화할 수 있는 문학성이 높은 경지에 올라 있었음을 알 수 있다.


## 문사文士들과의 교유

　『허응당집』과 『나암잡저』에는 30여 명에 달하는 당대의 대신과 문사들과 화답한 시문이 실려 있다. 당대에 예조참판, 함경도와 경상도 관찰사를 역임한 정만종鄭萬鍾, 대사헌과 이조판서를 역임한 윤춘년尹春年, 명종조에 병조판서, 이조판서와 영의정을 역임하면서 조야에 두터운 신망을 받았던 상진尚震, 중종의 서녀인 정순옹주貞順翁主와 혼인하여 여성군礪城君에 봉해지고 도총관 벼슬을 지낸 송인宋寅, 그리고 명정승이던 황희의 현손으로 문장과 글씨로 이름 있던 황여헌黃汝獻, 칠언율시에 뛰어나 문장으로 명성이 높았으며 예조판서와 대제학을 지낸 정사룡鄭士龍 등이 그들이다. 불교가 핍박받고 부정되던 그 어려운 시기에 어떻게 대사는 상대적인 입장에 있던 많은 고관들이나 이름 있는 선비들과 사귈 수 있었을까?

선비와의 교유는 주로 금강산 2차 수행기 이후부터 잦아진다. 보우대사가 1차 하산하여 유행하려다 대법난의 사태를 직면하고 다시는 세상물정은 꿈꾸지도 않겠노라며 다시 금강에 들어가 은둔하고 있는 동안, 도리어 그의 수행과 도량이 당시 세간에 널리 알려졌던 것 같다. 그래서 도와 문장에 관심을 가지고 있던 고관과 선비들이 대사와 시문을 주고받으며, 진정한 도우로서 교유하였던 것이다. 대사가 금강에 있을 때 이열지李悅之라는 진사가 시를 써 보내왔다. 대사는 다음과 같이 화답하여 불교와 유교 사이에 서로를 구분하여 배척하는 것은 편견이고 망상임을 그에게 깨우쳐주고, 도의 차별을 떠난 하나의 진정한 마음으로 서로의 우정을 표현하고 있다.

혼돈하고 아득한 하늘과 땅, 한 손바닥으로 에워싸니
밝고 밝은 끝없는 허공에 누가 용이며 누가 거북인가.
사람들이 유儒다 석釋이다 하는 것은 정에 의한 편견이며
부질없이 동쪽이니 서쪽이니 하는 것은 망상으로 생긴 것이네.
산 소식 한강 물에 전하기 어려운데
서울 기별 쉽게 구름 속 산중에 보내오셨네.

도道는 우리 도 아니지만 마음에는 서로 간격 없으니

옥소리 담긴 편지 두터운 기약 새어나가지 말게 하소서.

磅礴乾坤一掌圍　明明無際孰龍龜

人名儒釋由情見　空點東西逐妄知

林下信難傳漢水　洛中奇易送雲嵋

道非吾道心無隔　母玉音書泄厚期

　•「이열지 진사가 보내온 시운을 따서」次李上舍悅之來韻 중에서, 『허
웅당집』


　금강산 수도 기간 중 보우대사의 산중생활은 궁핍하기 짝이 없었다. 그
가 양식이 없어 바싹 야위었다는 소식을 접한 상진은 금강산으로 사람을
보내 양식을 전달해주기도 하였다. 이를 받은 보우대사는 감격하여 "중국
에 사신으로 다녀오신 상국께서 은혜를 드리워 이 쇠한 목숨 구제해주셨
다"며 그 고마움을 시로 화답하기도 하였다. 대신들까지도 당시 금강에 묻
힌 초라한 신분의 승려이던 대사에게 깊은 우정과 관심을 표하는 것을 볼
때, 과연 그의 도량과 문장이 어느 정도였을까를 생각하게 한다.

　중종 37년1542 봄에 금강을 하산한 보우대사는 통천通川을 거쳐 석왕사
釋王寺에 이르러 인근의 은선암隱仙庵에서 하안거夏安居에 들어간다. 해제
후 안거에 동참했던 스님들은 하나둘 떠나지만, 보우대사는 그곳 은선암
에 주석한다. 이미 그의 명성은 세간에 알려져 은선암에 머무는 동안 스님
들은 물론 선비들과 인근 지방의 고위 관료에 이르기까지 그를 찾아오거
나 시를 주고받는 등 폭넓은 교유가 이어졌다.

　대사가 은선암에 머문 기간을 정확히 알 수는 없으나 적어도 2년 이상
은 머문 것 같다. 한번은 쌍성雙城, 지금의 영흥의 대도호부사가 직접 은선암

으로 찾아와 하루 유숙하고 돌아갈 정도로 보우대사는 고관들에게 인기가 많았다. 이는 그의 큰 도량과 운치 넘치는 시문이 그들을 사로잡았기 때문이다.

이후 대사는 함흥 인근 반룡산 초당에 머물기도 했는데, 이는 당시 함경도 관찰사로 함흥에 있었던 정만종과의 인연 때문이었다. 그는 정만종과 많은 시를 주고받으며 서로의 우정을 돈독히 하였다.

유석儒釋이 비록 나뉘었으나 도는 다르지 아니하여
예로부터 스님의 벗은 모두 유명한 선비로다.
조계棗溪,정만종의호 선생 사람 놀라게 하는 시구 끊이지 않고
원택圓澤,보우대사의호은 항상 밤을 비추는 구슬 받드네.
지둔, 허순 잠자리 같이한 일 무엇이 논의할 만한 것인가
청순과 소동파 서로 잘 지낸 것도 암암리에 맞아서라.
대감은 손꼽히는 신선세계의 벗이지만
소탈하고 담박함이 나 같은 이 있는가 없는가.

儒釋雖分道不殊　古來僧友盡名儒
棗溪不斷驚人句　圓澤常承照夜珠
支許同床何足議　順蘇相善暗親符
相公屈指煙霞友　疎淡如吾有也無
• 「선정을 마치고 회포를 써서 정조계 대감에게 바침」禪餘述懷 奉鄭使華棗溪閣下 7수 중에서, 『허응당집』

예부터 승려와 문사 간의 사귐으로 진晉나라 때의 고승 지둔支遁과 고사高士 허순許詢의 만남을 대표적으로 칭송한다. 두 사람은 친구를 맺어 현

묘한 도의 세계를 담론하며 깊이 사귀었는데, 서로 산수에 노닐기를 좋아하여 지둔이 산중에 초당을 지으니 허순이 찾아와 함께 잠자리를 같이하였다고 전해진다. 또한 소동파蘇東坡, 1036~1101는 항주자사杭州刺史로 있을 적에 서호에서 안빈낙도의 생활을 하는 청순淸順스님을 만나 호수에 배를 띄워 시를 읊고 노닐며 진정한 벗으로 사귀었다고 한다.

보우대사는 허순과 소동파를 예로 들어 정만종을 진정한 벗으로 여기며 우정을 표하고 있다. 더욱이 정만종은 아들인 정엄鄭淹을 보우대사에게 수학시켰다는 기록이 『명종실록』에 기록되어 있다. 정엄은 명종 13년1558에 문과에 급제하여 승정원동부승지承政院同副承旨, 한림翰林 등을 지냈는데, 사관은 그를 "사람됨이 단정하고 성실하며, 의논이 적실하고 말이 간명하며 온당했다"고 평가하고 있다. 보우대사의 가르침이 정엄에게도 적지 않은 영향을 주었을 것이다. 그는 특히 모친에 대한 효행이 지극하여 병을 간호하느라 옷을 벗고 잠자리에 눕는 일 없이 지극정성으로 보살폈고, 모친상을 당해서는 슬픔이 지나쳐서 일찍 생을 마감하고 말았다. 후일 그의 효심이 조정에까지 전해져 광해군 3년1611에 고향마을에 정려旌閭를 세웠는데, 지금도 광주 양림동에 유적이 남아 있어 그의 효심을 전해주고 있다.

후대에 실록을 편찬한 사관들은 그 교유를 비난하고 있으나, 오히려 이러한 기록들이 대사의 도량을 엿볼 수 있게 한다.


아아, 정만종은 재상인데도 한번 요승을 만나자 귀한 손님으로 대하여 베개를 같이 베고 자리를 함께하면서 친척처럼 환대하였으며, 비상한 그릇으로 여겨 매번 탄복하는 말을 연발하였다.
  • 『명종실록』 권13, 7년 6월 무오

또 윤춘년에게 주는 시에서도 "선비와 스님이 교제함은 옛 풍습이다"라며 한퇴지韓退之와 대전선사大顚禪師, 도연명陶淵明과 혜원법사慧遠法師의 사귐을 예로 들고 있다.

선비와 스님이 상종한 것은 바로 옛 풍조였다오.
대전방장에 한공은 몸을 기대었다네.
산에 뜬 달빛 촛불처럼 밝았을 그때,
헌납의 맑은 시 토굴에 부쳐오셨네.

서리 맞은 국화 향기 돌길 바람에 전해오니
가을 생각 견디지 못해 도연명을 생각하네.
호계에 흐르는 물 여전히 남아 있는데
어느 날 나귀 타고 거울같이 텅 빈 곳 찾아오실까.
儒釋相從是古風　大顚方丈倚韓公
當時山月明如燭　獻納淸詩寄土空
霜菊香傳石逕風　不堪秋思憶陶公
虎溪流水依然在　何日騎驢訪鏡空
　• 「윤헌납이 보내신 운을 받들어 차운하여」奉次尹獻納來韻 5수 중에서, 『허응당집』

당송 팔대가의 한 사람인 한퇴지는 불교를 비방하는 불골표佛骨表를 올려 항주자사로 좌천된 뒤, 그 지방에 대전선사大顚禪師라는 고승이 생불로 추앙받고 있다는 소문을 듣고 선사를 시험해 보고자 홍련紅蓮이라는 기생을 보내 파계시키려 했다. 그러나 홍련은 선사의 마음을 움직이지 못하고 치맛자락에 선사의 시 한 수를 받아다가 한퇴지에게 보였다.

축령봉 내려가지 않기를 10년
색色과 공空을 관하니 색이 바로 공이네.
어찌 한 방울 조계의 물을
홍련의 잎 가운데 떨어뜨리겠는가.
十年不下鷲靈峰　觀色觀空卽色空
如下一滴曹溪水　肯墮一葉紅蓮中

　홍련의 치맛자락에 적힌 시를 본 한퇴지는 그 후 대전선사를 참방하여
선사로부터 불교를 비방한 꾸짖음과 함께 심오한 가르침을 받아 마음을
깨치고 불교를 비방하던 그 붓으로 불법을 드날리고 삼보를 찬탄하는 문
장을 남겼다는 일화가 전해진다.
　유학자인 도연명과 선사인 혜원법사와의 사귐도 서로 의기투합한 지기
로 만나 담소하는 가운데 깨달음을 얻고 즐거워하여 30년 동안 산문을 나
가지 않는다는 계율도 잊은 채 호계虎溪를 건넜다는 고사가 말해주듯이,
진리 가운데 도의 차별을 넘어 하나가 된 우정을 그리고 있다.
　하지만『명종실록』에는 "이름 있다는 선비 윤춘년, 박민헌도 서로 왕래
하였으니 이단이 왕성해지는 것을 이루 탄식할 수 있겠는가"라고 평하며
그들의 진정한 우정을 탓하고 있으니 참으로 애석한 일이라 하겠다.
　종친으로 도총관을 지낸 송인宋寅도 보우대사와 깊은 교유를 하였다. 그
의 문집인『이암선생유고』頤庵先生遺稿에는 대사에게 보낸 시 4편이 수
록되어 있는데, 두 사람은 시를 통해 승속을 초탈하여 꿈에서도 벗을 그
리며 깊이 정을 나누는 모습을 보여주고 있다. 그리고 시구에 나오는 '기

폐'起廢라는 단어는 관직에서 내쫓은 사람을 다시 벼슬에 쓴다는 말로, 아마도 대사가 선종판사의 직첩을 다시 받은 명종 17년1562의 일을 언급한 것 같다.

홍진에 빠졌으니 끝내 어찌 이루리오.
옛날 맹세한 시단 홀로 저버렸네.
늙음을 재촉하는 세월 견디지 못하고
쇠한 병으로 마음의 정 줄어듦을 감당하기 어렵도다.
짝 맞춘 시구 등불 심지 돋우니 즐거움은 다하고
달 맞아 잔을 전하니 취하고 깸이 몇 번인가.
꿈에 나암을 보고 다시 복권된 것을 생각하니
찾아오시어 한바탕 웃고 내 병을 따르시게나.

紅塵汨沒竟何成　孤負詩壇舊日盟
不耐光陰催老大　叵堪衰病減心情
剪燈聯句窮歡謔　邀月傳杯幾醉醒
夢見懶庵思起廢　能來一笑倒吾甁

• 「나암에게」寄懶庵, 『이암선생유고』頤庵先生遺稿 권1

『허응당집』에도 송인에게 화답한 시 2편이 실려 있다. 두 사람의 우정이 어쩌면 이리도 절절할까. 멀리 떨어져 있는 회당송인의 호과 원택은 소나무에 걸린 달빛과 창공의 기러기를 통해서도 마음을 주고받으며 서로를 애틋하게 그리워하고 있다.

지둔과 허순 당시 서로 좋았고

한유와 태전 천고에 빛나도다.
멀리서 감사드리니 회당晦堂의 소나무에 걸린 달이여,
이곳 원택圓澤에 와서 하의荷衣를 비추는구나.

한가로움에 빠진 것은 회당의 고질이요.
홀로 있기를 사랑하는 것, 원택의 고칠 수 없는 병인데,
어느 날 서로 만나 선탑 마주하고 이야기할까.
이 마음 아는 것 오직 저 푸른 하늘뿐.

서로 각기 천리만리 떨어져 사니
어찌 다만 그리는 수고로움이 끝이 없을 뿐이랴.
다행히 서리 무릅쓰고 날아가는 기러기 하나 있어
안부를 서로 통할 수 있다네.

국계암은 흰 구름 그윽한 곳에 있어
홀로 앉아 있으면 예전에 노닐던 기억 감당하기 어렵네.
여덟 수 아름다운 시 읊어도 다할 수 없고
등잔불 밑에서 나눈 시 이야기 그리움 그칠 날 없네.
홀연히 며칠 자리 같이한 즐거움으로
문득 여러 해 동안 두 곳에서 시름 얻게 되었소.
오직 기쁜 것은 그저 심상히 있을 때도 얼굴 마주한 것 같은데
보내주신 경전과 사서엔 손수 글씨 쓴 흔적 남아 있구려.
– 모두 송 대감이 보내신 시의 운을 따라 지은 시이다.

支許當時相善 韓顚千古流輝

遙謝晦堂松月　來照圓澤荷衣

耽閑晦堂痼疾　愛獨圓澤膏盲
何日相逢對榻　此心知有彼蒼

各栖千里萬里　何但戀勞無窮
賴有凌霜一雁　寒暄使得相通

掬溪菴在白雲幽　獨坐難堪憶舊遊
八首瓊章吟不盡　一燈詩話戀無休
忽緣數日同床樂　却得多年兩地愁
惟喜尋常如對面　俯遺經史手痕留
　－ 右皆次宋相國來韻
　•「육언팔장에 화답함」和六言八章,『허응당집』


　보우대사는 청평사로 물러난 이후에 정취선鄭醉仙이라는 문사와 특히
돈독한 관계를 가져 서로 세상을 초탈한 시구를 주고받으며 도를 논하였
다.『허응당집』에는 정취선과 보우대사가 주고받은 시가 수록되어 있어
그들의 사귐을 생각해볼 수 있다.


　쌓인 기운 나뉘어 일만 덩이 둥근 세계 이루고
　한 테두리 가운데 한 구역 하늘이 있네.
　장자莊子야 탄환만한 세계만 알고
　겨우 말한 것이 곤鯤과 붕鵬 그 크기 몇천 리라 하였는가.

積氣分成萬顆圓　一圜中有一區天

莊生僅識彈丸界　只道鵾鵬大幾千

- 「밤에 꿈에서 깨어 느낀 바가 있어 시 한 수를 지어 허응당의 공문계空門契에 보냄 – 동명東溟 정취선鄭醉仙의 글」中夜夢覺 若有所感 爲賦一絶 錄 寄虛應堂空門契 – 東溟鄭醉仙稿,『허응당집』


기氣는 무엇으로 쌓이고 또 누가 둥글게 하였는가.

차가운 눈으로 보면 땅 하늘 구별 없다네.

취선의 시 한 수 읊조리고 나서

떠오른 허상 삼천세계에 비유됨을 더욱 알겠노라.

氣從何積又誰圓　冷眼看來沒地天

吟罷醉仙詩一絶　益知浮想比三千

- 「취선의 시운을 따서」次醉仙韻,『허응당집』


　정취선과 보우대사가 대우주를 논한 시이다. 크기가 몇천 리인지 모르는 거대한 물고기인 곤鯤과 곤이 변해 날개 길이가 삼천리나 되어 한 번 날갯짓을 하면 구만 리를 날아가는 붕새를 논한 장자의 거대한 세계를 탄환만한 세계로 비유하였으니, 그가 논하고자 했던 세계가 어떤 세계인지를 알 만하다. 보우대사 또한 그의 세계를 천지를 구별할 수 없는 불교의 삼천대천세계에 비유하여 화답하고 있다.

　불교에서 말하는 삼천대천세계三千大千世界란 비유하자면 우리 지구가 속한 태양계와 같은 것이 1,000개가 모여서 하나의 소천세계小千世界를 이루고, 다시 1,000개의 소천세계가 모여서 하나의 중천세계中千世界를 이루며, 또다시 1,000개의 중천세계가 모여서 하나의 대천세계大千世界를

강원도 춘천시에 자리한 청평사. 고려 광종 때 영현선사가 창건하여
백암선원(白岩禪院)이라 하였고, 선종 때 이자현(李資玄)이 벼슬을 버리고
은거하며 산 이름을 청평(淸平)이라 하고 절 이름을 문수원이라 하여
크게 중창하였다. 명종 10년(1555)에 보우대사가 선종판사를 사임하고
이곳에 와서 중창불사를 하고 7년간 주석하였다.

이루니, 삼천대천세계란 그야말로 상상을 초월하는 대우주관이다.

현대과학에 따르면 우리가 속한 은하는 반지름이 약 5만 광년光年, 빛이 1년 걸려 가는 거리로 약 9조 4,670억 킬로미터 정도이며, 태양계는 그 가장자리에 놓여 있다고 한다. 오늘날 관측이 가능한 우주의 크기는 약 100억 광년 정도이며, 이 영역 안에는 1,000억 개 정도의 은하가 존재하는 것으로 추정하고 있다. 현대 우주천문학이 파악하고 있는 우주와 삼천대천세계는 모두 불가사의하게 크다는 면에서 일치한다.

그들은 이와 같이 지극한 세계를 시로 논하며 세상을 초탈한 도우道友로서 사귀었다. 그런 관계이기 때문에 정취선은 보우대사가 청평사로 물러나 있을 때 찾아와 한 달 가까이나 머물기도 하였으며, 무슨 연유에선가 관리에게 연루되어 궁지에 빠진 보우대사의 제자를 구해주기도 하는 등 각별한 관계를 가졌다. 그러나 정취선이 누구인지는 알 수 없다.

아래 시는 보우대사가 청평산에서 함께 지내다 돌아간 정취선에게 띄운 것으로 그에 대한 그리움이 묻어날 만큼 정감 어리다. 450여 년 전 그들의 우정의 세계를 들여다보자.


　백 리 관산關山 남은 길 험난한데
　행차 가마 무사히 돌아갔는지 모르겠소.
　개울가 붉은 계수나무 향기 구슬 같은 나무 아래서
　헤어진 뒤 몇 번이나 서로 그리워하며 홀로 올랐나.
　百里關山棧道難　不知行蓋若爲還
　澗邊丹桂香珠樹　別後相思幾獨攀


　처음 올 때는 구름에 맹세하고 산을 내려가지 아니한다 하더니 어찌하여 한 달도 되지 않아 먼지 묻은 세계로 돌아가셨소.
개울에 부끄럽고 숲에 부끄럽다는 헤아림 품지 말고
다시 올 기회 마련하여 닫힌 관문 두드리게나.

初訪盟雲不下山　如何未月返塵寰

莫懷澗愧林慚計　須辦重來扣掩關


일찍이 선동仙洞에서 함께 자미궁紫微宮에 오르니
밤은 깊고 궁전 차가워 달빛 몽롱하였지.
수정 발 밖에 함께 온 사람 누구인지 아는가.
계수나무 열매 바람에 떨어져 눈 위에 붉다네.

仙洞曾同上紫宮　夜深寒殿月朦朧

水晶簾外知誰共　桂子風零雪上紅


청평산 적막하여 찾아오는 손님 끊겼어도
단학丹學을 수행하는 생활은 나날이 새롭구나.
취선은 일찍이 보고 갔기에
꿈속의 나비 따라 구름 속에 자주 들길 짐작할 수 있다오.

清平岑寂絶來賓　丹竈生涯日月新

料淂醉仙曾見去　夢隨蝴蝶入雲頻


금송대琴松臺 맑은 물 반석 위에 나누어 앉아
웃으며 은화 잡고 술 사올 계책 세웠지.
선정 속에서 홀연히 그대 서울 간 생각나서
노정 헤아려 보니 지금은 이미 형제들과 노닐 때 되었겠네.

청평산 구성폭포.
물이 떨어질 때 아홉 가지 청아한 소리가 난다고 하여 붙은 이름이다.

영지. 고려 때 이자현이 만든 연못으로, 당시 그는 이곳을 중심으로
대규모의 고려정원을 만들고자 했다.

琴臺分石坐淸流　笑執銀花當酒籌

定裡忽思君上洛　計程今已弟兄遊

제자가 길을 잃고 관인官人에게 떨어져

우러러보고 굽어봐도 의지할 곳 없어 바닷가에서 울었는데

어찌 헤아렸으랴! 취선이 접은 편지 날려 보내서

궁한 사람 바다 밑에 가라앉을 재난 면하게 하여줄 줄이야.

小資迷路墮官人　俯仰無依泣海濱

那料醉仙飛折札　得敎窮子免沉淪

금송대 위와 영지映池 안에는

계수나무 열매 여전히 가득 붉게 떨어져 있네.

당시 학 옆에서 함께 완상하던 나그네,

구름 벗어나 공연히 홀로 향기 실은 바람 마주하고 있구나.

琴臺上與映池中　桂子依前滿落紅

當日鶴邊同賞客　出雲空獨對香風

　• 「취선에게」寄醉仙 7수, 『허응당집』

　보우대사는 대신을 비롯하여 유가의 여러 선비들과도 격의 없이 서로를
존중하며 흉금을 열고 청아한 그리움의 시구를 주고받으며 서로의 도를
초월하여 교유했다. 그래서 그는 당대의 이름난 명사들과 진정한 도우의
관계를 유지할 수 있었으며, 그들 또한 다른 척불세력들과 달리 보우대사
와 불교를 이해하며 우정을 아끼지 않았다.

# 3 마음이 바로 부처

마음은 몸의 주인이며 모든 기틀의 근원이라,
천지를 포괄하여 묘하게 말문이 끊어진 자리.
보이지 아니하고 들리지 아니해도 항상 삼가고 두려워하여
잊지 말고 버리지 않는 것이 마음을 잡고 간직하는 방법이라.
놓아주어 가게 하면 일천 강물에 달그림자 비치고
잡아두고 안정시키면 일만 골짜기 구름 돌아가 머무니라.

## 겸양과 공경

보우대사는 불자들에게 상대를 공경하는 겸양의 미덕을 강조하였다. 그리고 이를 먼저 실천하였다. "내가 항상 삼가며 정성과 공경을 다해 남을 대하는 것을 누가 알겠는가"라는 시구에서 볼 수 있듯이, 그가 남을 대하는 기본 태도는 상대방에 대한 공경이었다. 이러한 태도는 승려의 신분으로 당대의 명유名儒인 대신들과 흉금을 터놓고 서로 교우할 수 있는 바탕이 되었다고 생각된다. 물론 그것은 불교를 바탕으로 유교와 도교를 포함한 삼교의 도가 무애하게 용해되어 있는 도량과 학식과 문장을 통해 우러난 것이었다.

보우대사는 도는 하나지만 세상의 존재들은 다르다는 것, 즉 사람도 신분에 따라 다르고 물질도 다르며 추구하는 각각의 도도 다른 것처럼 불교와 유교의 양 교인도 다르지만 서로 대할 때는 마땅히 공경심을 가지고 대하고 자신을 잊을 것을 강조했다. 이것은 대사의 원융무애한 마음과 도량을 보여주는 것으로, 다음의 두 시에 잘 나타나 있다.

> 대체로 만 가지 구멍에서 나는 소리는 길을 달리하니
> 선비와 서민도 층이 나뉘거늘 하물며 선비와 스님 사이랴.
> 타고난 품등이 각기 들쭉날쭉하여서 금과 돌같이 다르며
> 도道도 서로 모순되어 숯과 얼음처럼 다르다.
> 그러나 서로 만날 때는 공경심을 일으켜 먼저 인사하며
> 길을 갈 때는 어진 이로 추대하여 뒤따름이 합당하도다.
> 내가 그를 존중하면 그가 어찌 성을 내겠는가.
> 보통 때도 높이 대접하고 자기 몸을 다 잊을지라.
>
> 大都吹萬不同途　士庶分層況釋儒

品各參差金石異　道相矛盾炭氷殊

逢時起敬須先揖　行處推賢合後趨

我旣重他他豈忤　尋常瞻待盡忘軀

　• 「선비를 대하는 여러 선사들에게 보이다」示待儒士諸禪,『허웅당집』


지극한 도는 본래부터 오직 하나이거늘

사람들이 오랑캐와 중국을 분별하고 동과 서로 한계를 정했도다.

임금 위해 불교 배척함이 진정한 선비의 할 일인가.

부처님 받들고 선비를 존경함은 바로 불가의 기풍이로다.

하물며 주인으로서 저 손님을 공손히 대한다면

어떤 손님이 함부로 우리 몸을 훼손하리오.

원컨대 신선 부엌에서 음식을 마련하는 불자님들은

알뜰히 끓인 차 마련하여 이 범궁 빛내주시오.

至道由來惟一矣　人分夷夏限西東

爲君排釋眞儒事　戴佛尊儒足釋風

況以主能恭彼客　有何賓謾毁吾躬

願諸丹竈修齋輩　勤辦茶湯耀梵宮

　• 「한 선비가 절에 와서 몹시 힘써 불교를 배척하며 스님 무시하기를
흙같이 여기니 온갖 공양을 담당하는 무리들이 모두 마음이 해이해져서
그를 공경히 받들려 하지 않기에 게송을 지어 이들에게 보이다」有一儒士
到寺 排佛甚勤 慢僧如土 凡諸執勞供億之輩 心皆解弛 不欲敬奉 以偈示之,『허
웅당집』


당시에 무도한 유생들이 절을 찾아와 기물을 훼손하고 무례한 행동을

저지르는 일이 종종 있었다. 절을 새롭게 부흥시키며 수행 중인 선사들과 배불을 업으로 삼는 유생들의 질시는 서로 갈등과 반목으로 상대를 대하였을 것이다.

이러한 때에 보우대사는 유생들이 불교를 업신여기고 함부로 대하더라도 불교인들은 각기 상대를 공경하며 존중해야 함을 가르치고 있다. 물론 도가 다르다는 것은 지말적이고 현상적인 시각이지 대사의 근본입장은 아니며 다만 제자들을 깨우치기 위한 방편이다. 도가 원숙한 자는 현상적인 만물의 차별상에 내재한 도의 본체를 깨달아 무애한 경지에 이를 수 있으나, 이를 깨치지 못하고 아만我慢에 사로잡힌 자는 차별상만을 보고 서로를 배척한다. 따라서 먼저 서로의 시비를 없애고 존경심을 일으켜 상호 이해할 수 있는 마음의 문호를 열어주어야 한다. 이 때문에 자기를 잊고 상대를 대함에 공경과 겸양의 자세를 견지하라고 가르치고 있는 것이다.

본래 상대를 공경하고 어진 이를 높이는 것은 유가의 예이며, 자기에 대한 집착을 버리고 상相에 머물지 않고 보시布施를 베푸는 것은 불가의 보살도이다. 맹자도 "남을 사랑하는 자는 남이 항상 그를 사랑해주고 남을 공경하는 자는 남이 항상 공경해 준다"愛人者 人常愛之 敬人者 人恒敬之라고 하였듯이, 지극한 도는 본래부터 오직 하나인데 이를 사람들이 나누고 분별하여 망상을 이루고 이로 말미암아 남을 헐뜯고 배척하는 것이라고 전제한 뒤, 불가의 가풍은 '부처님도 받들고 선비도 높이는 것'이라고 불자들에게 가르치고 있다. 대사는 먼저 남에게 베풀고 자기의 본분에 충실하면 남이 나를 거스르지 않는다는 평상의 진리를 통해 불교와 유교가 미움과 배척이 아닌 존경과 조화를 이룰 것을 염원하고 있다.

## 진리란 무엇인가

진리란 무엇인가? 이 화두는 동서고금을 막론하고 인류에게 제기되어온 근본적인 물음이다. 많은 사람들이 진리를 논의하며 탐구하고 주장하였으나, 아직도 진리에 대하여 그것이 무엇인가를 명확하게 파악하지 못하고 찾아 헤매고 있는지도 모른다. 보우대사는 당시 진리를 찾아 수행하던 제자나 동료들에게 진리란 무엇이며, 어떻게 찾아야 하는가를 가르쳐주고 있다.

> 진리란 원래 형상이 아니기에 찾아서 만나기 어려워
> 무념으로 공空을 관해야 도道가 쉽게 통하노라.
> 미혹되면 색色과 공空, 그 본성이 같은데도 다르다고 하지만
> 깨우치면 범부와 성인, 다르지만 같은 종문이니라.
> 理元非象覓難逢　無念觀空道易通
> 迷卽色空同異性　悟來凡聖異同宗
> •「일주법사의 시운을 따서」次一珠法師韻 중에서,『허응당집』

중생도 깨우치면 바로 부처요, 범부도 본래 나면서부터 부여받은 본성을 그대로 드러내면 곧 성인이 되는 것이다. 모두가 이 한마음에 달렸으나 호리毫釐 간에 천지가 어긋나듯 미혹되면 현상에만 집착해 다르다고 여기는 것이다.

> 아침 되면 너를 불러 방 먼지 쓸게 하고
> 저녁 되면 늘 너에게 자리 펴라 시키지.
> 혹 도道와 진여眞如 이를 버리고 찾으려 한다면

네 멋대로 남북을 돌아다니며 정신만 허비하리라.

朝來呼汝掃房塵　暮到常敎展草茵

倘擬道眞遺此覓　任君南北費精神

• 「제자 명이 게송을 구하기에」明小師求頌, 『허응당집』


　도는 본래 인간으로서 행하기 어려운 지고한 것이 아니다. 방을 비질하
고 자리를 펴는 등 일상생활이며, 사람으로서 누구나 마땅히 해야 하고 가
야 할 길이다. 따라서 멀고 높은 데서 찾으려 한다면 끝내 헤매고 말 뿐이
다. 이 마음에 고스란히 간직되어 있는 진여를 찾지 못하고 밖에서, 그것도
멀리서 찾으려 한다면 어찌 찾을 수 있으랴.

　『법화경』法華經에는 옷깃 속 보석의 비유衣裏繫珠喩에 대한 이야기가
있다. 어떤 사람이 오랜만에 부자인 옛 친구를 찾아가 좋은 음식과 술로 대
접을 잘 받았다. 시간이 지나 그가 술에 만취하여 누웠는데, 그때 부자인
친구가 갑자기 급한 볼일이 있어 나가면서 그를 위해 요긴하게 쓰도록 옷
깃 속에 보배 구슬을 넣어 주었다. 술에 취한 그는 그것을 알지 못한 채 잠
에서 깨자 멀리 다른 나라로 가게 되었다. 그곳에서 그는 먹고 살기 위해
갖은 고생을 하면서 적은 소득에도 만족하고 살아갔다. 그 후 몇 년이 지나
그들은 다시 상봉하게 되었다. 오랜만에 만난 그의 행색이 무척 초췌함을
본 옛 친구는 전에 그의 옷 속에 넣어준 보배 구슬에 대하여 얘기하였다.
그리고 먹고 살기 위해 고생하며 어리석게 살아온 그를 나무라며 이제는
옷 속에 간직되어 있는 보배로 필요한 것을 구한다면 항상 모자람이 없을
것이라고 일러주었다. 그제야 그는 자기 옷 속에 귀한 보배가 있음을 알고
지난날의 무지를 한탄하였다.

　우리 모두는 자신 안에 귀한 보배를 간직하고 있다. 다만 그것이 있음을

알지 못할 뿐이다. 보우대사는 고요한 곳을 찾아 도를 구하려는 어떤 스님에게 다음과 같이 일러주고 있다.


진리란 말과 글이 끊어진 자리, 고르고 가려내는 것 싫어하네.

이상하구려 스님, 적멸한 곳 생각해 구름 끝으로 가시려 하다니

마음은 본래 모습이 있는 것 아니니 이를 구하려 하면 버릇되고

도는 본래 이름 없으니 찾으려 하면 더욱 어렵네.

암자 아래 나는 저 폭포수 소리 콸콸 울리고

하늘가에 떨어지는 달그림자 둥글구나.

이 속에 스스로 진정한 소식 있는데

무엇하러 동서로 쫓아다니며 고생스럽게 오가리오.

理絶文言嫌揀擇　怪師懷寂向雲端

心非有相求成癖　道本無名覓轉難

庵下飛泉聲聒聒　天邊落月影團團

箇中自得眞消息　何必東西苦往還

　•「능스님의 시운을 따서」次能公軸韻, 『허응당집』


마음 고요하면 세상 시끄러움 피하려고 수고할 필요 있겠나.

색과 소리 모두가 본래 진여의 원천이니라.

시끄러운 것 싫어하여 고요한 곳 찾는 마음, 그 마음 생멸하는 마음이라.

스님 반드시 불이문不二門에는 끝내 미혹하리라.

心靜何勞避世喧　色聲俱是本眞源

厭喧求靜心生滅　師必終迷不二門

경에서는 금강으로 불성에 비유하였으니

이로써 알지어다, 나의 자성이 바로 금강인 것을.

스님 지금 억지로 금강 천 봉우리 찾아 떠나니

그것은 몸 안의 대법왕을 저버리는 길이오.

經以金剛喩佛性　是知吾性卽金剛

師今强覓千峯去　孤負身中大法王

• 「어떤 스님이 금강산으로 가려 하기에 시로써 그에게 보이다」有僧
欲向金剛 以詩示之, 『허웅당집』


예로부터 도를 구하고자 하는 사람들은 흔히 세속에서 멀리 떠나 깊은 산에 은둔하며 수행을 했다. 적멸한 곳을 찾아 속세의 시끄러움과 번잡함에 구애받지 않고 자신만을 성찰하는 시간을 갖기 용이하기 때문이다. 그러나 오히려 반대로 "작게 은둔하는 사람은 청산에 숨고, 크게 은둔하는 사람은 성곽에 숨는다"小隱隱靑山, 大隱隱城郭라는 옛말이 있다. 도란 심산유곡에 있는 것이 아니기에 세상을 피해 자취를 감추는 것보다는 빛에 섞이고 세속에 섞여서화광동진[和光同塵] 오가며 사는 것이 더 훌륭하다는 말이다. 『삼국유사』에 의하면 신라의 고승 원효元曉, 617~686는 요석공주瑤石公主와의 인연으로 설총薛聰을 낳은 뒤 속인의 옷을 입고 스스로를 소성거사小姓居士라 칭하였다. 그는 거리에서 춤을 추고 박을 두드리며 중생과 가장 가까이서 도를 펼쳐 가난뱅이나 거지나 더벅머리 아이들까지도 불교를 알게 하였다고 전한다.

그런가 하면 기이한 행적의 고승으로 전해지는 대안大安도 시장거리에서 '대안, 대안'을 외치며 중생들과 더불어 걸림이 없는 생활을 하였다. 그는 당시 용궁에서 가져왔다는 『금강삼매경』金剛三昧經의 순서가 흐트러진 것을 바로잡으라는 왕명을 받고도 궁궐에 들어가지 않고 장바닥에 주

우리 역사상 가장 큰 불교사상가로 평가받는 원효대사.
그는 속인의 옷을 입고 속세에 들어가 중생과 함께하며
도를 펼치는 화광동진(和光同塵)의 삶을 살았다.

저앉아 바로잡아주었다고 전해진다. 진정한 도의 소식은 멀고 깊은 산중에 있는 것이 아니라 오히려 가장 번잡하고 속되게 느껴지는 가까운 우리의 삶 속에 있는 것이다. 중요한 것은 조용한 거처를 찾는 데 있는 것이 아니라 청정한 마음을 찾아 드러내는 데 있기 때문이다.

하루는 제자들이 보우대사께 여쭈었다.

"저희들이 스님을 모시고 수발을 받든 지 오래되었지만 아직 한 번도 스님으로부터 최고의 도가 있는 경지에 관하여 말씀을 듣지 못하였습니다. 어찌 이것이 저희들이 박복해서이겠습니까. 이는 반드시 스님께서 숨겨놓고 드러내지 아니하시며, 저희들을 소원히 여기고 친하게 여기지 않기 때문일 것입니다. 원하옵건대 한 말씀 열어 보이시어 저희들이 들어갈 수 있는 곳을 얻게 하여 주십시오."

대사께서는 웃으시며 다음과 같은 게송 한 수를 읊어 주었다.


제자들아, 너희들은 내가 무엇을 숨기고 있다고 생각하느냐.
신령한 빛 비추는 한 가닥 길 남김없이 드러내고 있느니라.
목마르면 옛날 솥 찾아 향기 좋은 차 끓이고
배고프면 그윽한 숲에 가서 연한 채소 잘라온다.
개울 반석의 먼지 쓸면 빗자루에 구름 부딪치고
바위틈에 핀 꽃 흙 북돋우며 나비 따라 호미질한다.
만일 여기서 맑은 눈 뜰 수 있다면
비로소 알게 되리라, 내 너희들과 소원하지 아니함을.
小子以吾爲隱歟　靈光一道露無餘
渴尋古鼎烹香茗　飢向幽林斸軟蔬
澗石掃塵雲觸箒　岩花培土蝶隨鋤

若能於此開淸眼 始識吾無與汝疎

• 「제자들에게 교시함」示小師輩, 『허응당집』

　선사들의 어록을 보면 도를 깨우칠 때 단박에 '아! 바로 이것이구나' 하고 활연관통豁然貫通하지만, 이는 깨친 사람이 아니면 그 누구도 알 수 없는 경지이다. 스승이 아무리 말로 일러주어도 스스로 깨침이 없이는 그것은 갈수록 오리무중이고, 비록 부지런히 정진한다고 해도 오히려 병통만 키우는 결과를 초래하여 깨달음의 자리에 들어가지 못하고 만다. 대사는 항상 제자들에게 그 자리를 남김없이 가르치고 보여주고 있지만 아직 그 경지에 이르지 못했으니 알 리가 만무일 것이다. 언어의 길이 끊어진 진여의 자리, 그 무엇인가?

　또 하루는 각명覺明이라는 스님이 찾아와 물었다.

　"제가 예전에 스승께 들기로는 네가 산에 머물고자 한다면 모름지기 '나의 몸'이란 관념을 잊어야 하고, 네가 '나'라는 관념을 잊고자 한다면 모름지기 '산'을 잊을 수 있어야 하며, '산과 나' 두 가지를 잊게 되면 도는 그 가운데 있다고 하셨습니다. 저는 이 말씀을 들은 뒤로 산과 나를 잊고자 하였으나 아직도 그 경지에 들어가지 못하고 있습니다. 바라건대 스님께서는 제 아득하고 답답한 마음을 가엽게 여기시고 저를 깨달음에 들어가게 하여 주십시오."

　보우대사는 이 물음에 다음과 같이 대답해주었다.

　"만약 '나'라는 존재에 집착하여 '나는 산이 아니다'라고 한다면 이 사람은 아직 '무아'無我가 될 수 없는 사람이다. 또 산을 인지하여 그것은 '내가 아니다'라고 생각한다면 이것도 산을 잊지 못하는 사람이다. 이런 사람에게는 주관과 객관이 나름대로 이루어져서 상대할 만한 대상이 없는데 상대를 만들고 있으니 이런 사람이 어찌 육근六根:우리 몸에 있는 눈·귀·코·혀·몸·의식의 여섯 가지 인식기관과 육진六塵:색·소리·냄새·맛·촉감·법의 여섯 가지 인식대상을 쉽게 잊을 수 있겠으며, 하물며 모든 것을 잊은 사람이라 하겠는가. 그가 잊고자 해도 잊을 수 없는 이유는 다름이 아니라 담연하고 적멸한 뿌리가 같은 바탕임을 모르기 때문이다.

　산에 있으면서도 그것을 경계가 아니라고 본다면 '산'이 일찍이 '산'으로 인식되는 일이 없고, 허명한 일체의 작용이 나에게 있는 것이지 육근에 있는 것이 아니라고 본다면 '내'가 일찍이 '나'로 인식되는 일이 없다. 능히 '산'이 '산'이 아니면서 일만 봉우리가 모두 '나의 몸'이라는 사실을 알 수 있다면 '산'이라는 분별이 어디에 존재하겠는가. 또한 '내'가 '내'가 아니면서 나의 사체四體가 모두 '산'이라는 사실을 안다면 '나'라는 분별의식이 어디에 존재하겠는가.

　'만물과 나'라는 차별의식이 저절로 사라지면 유일한 진여가 홀로 드러나 오대五臺의 높고 높은 산들이 내 한 몸의 묘체 아님이 없고 사체의 운동이 모두가 일천 산의 신비한 작용이어서 바로 그 자리에서 내가 되며, 산을 잊어버리고 다시는 산을 떠나서 나를 잊지 아니하게 된다. 이는 실로 잊을 것이 없는 것을 잊으면서 그 잊을 것을 참으로 잊는 것이니 그대는 이 공부에 힘쓸지어다."

　그러고는 게송으로 다음과 같이 말하였다.

　　나와 산, 산과 나 그 이치에 간격 없으니
　　어느 것이 산 모습이고 어느 것이 내 얼굴인가.
　　내가 산과 다르다고 집착하면 문득 나에게 집착하게 되고
　　산은 내가 아니라고 인식하면 아직 산을 잊지 못한 것이네.

곧바로 주관과 객관으로 생기는 허다한 정을 포기하면
문득 육근과 육진의 바탕이 동일한 경지 얻으리.
눈 가득히 보이는 높고 높은 산 저것이 무슨 물건인지 아는가.
동쪽 숲 푸른 봄이 선관에 젖어드네.

我山山我理無間　孰是山容孰我顔
執我異山還着我　認山非我未忘山
直抛能所情多許　便得根塵體一般
萬目嵯峨知底物　東林春翠浸禪關

　•「각명선인에게 보임」示覺明禪人, 『허응당집』


　보조국사普照國師도 『수심결』修心訣에서 육근이 경계를 대하여 마음이
연을 따르지 않는 것을 정定이라고 하고, 마음과 경계가 모두 공空하여 미
혹됨이 없이 거울같이 비추는 것을 혜慧라고 하여, 정혜를 함께 닦아서 평
등하게 지니면 불성을 밝게 볼 수 있다고 하였다. 이것이 보조국사의 정혜
쌍수定慧雙修이다. '나'라는 마음과 경계인 대상이 본래 실체가 없는 공한
것임을 깨우쳐 집착하고 분별하지 않으면 나와 경계와 인식작용이 사라져
모두가 하나인 진여법에 통하게 된다. 『대승기신론』大乘起信論에서도 진
여의 본체는 하나도 버릴 것이 없으니 모두가 다 진실하기 때문이며, 또한
따로 세울 것도 없으니 모두가 다 평등하여 차별이 없기 때문이라고 설하
고 있다. 보우대사가 제자들에게 가르치고 있는 것 또한 추호의 차이도 없
는 것이다.
　보우대사에게는 쌍순雙淳이라는 제자가 있었는데, 그에게 진리와 도가
무엇인지를 다음과 같이 일러주고 있다.

순아! 순아! 너는 바다를 보았느냐
바다는 오직 물결의 꽃이니라.
파도 떠나 물의 본질 찾는다면
방에 누워 집 찾는 것과 같으니라.
淳淳汝看海　海全是浪花
若離波求水　如臥房覓家


모든 물결 저절로 생멸해도
구중의 깊은 못은 항상 적적하도다
몇 번이나 바다 위에서 생겨났다가
몇 번이나 바다 속에서 그치는가.
萬浪自生滅　九淵常寂寂
幾從海上生　幾向海中息


이화정梨花亭 위에 앉으니
모든 물결 다 보이네.
물결 일어남 무궁하여
한 번 웃고 방장으로 돌아왔노라.
梨花亭上坐　看盡千波浪
浪浪起無窮　一笑還方丈
　• 「소자 쌍순에게」示小資雙淳, 『허응당집』


가없는 넓은 천지에 소리 듣고 색色 볼 때
다만 보고 듣는 기미, 일어나고 그침을 알아야 하나니

생각 없고 염려 없어야 마음 비로소 나타나고
모습에 따라가고 이름을 따라가면 도와는 저절로 어긋난다네.
거짓 버리고 진실만 취하는 것은 도적의 아들을 품에 안은 것이고
범인을 뛰어넘어 성인의 경지에 들어감은 마귀의 문을 사랑함이라.
어깨에 걸친 구름 장삼 봄바람 부는 강 언덕에
비 개인 뒤 날리는 버들꽃 한가로이 좇고 있네.

浩浩聞聲見色時　但知休起見聞機

無思無慮心方現　隨相隨名道自違

舍妄取眞懷賊子　超凡入聖愛魔闈

半肩雲衲春風岸　閑逐楊花霽後飛

• 「제자 쌍순에게」示雙淳小師, 『허응당집』

이 무슨 얼토당토않은 말인가? 진실을 취하는 것은 도적의 아들을 품에
안은 것이요, 성인의 경지에 들어가는 것이 마귀의 문에 드는 것이라니. 거
짓과 진실, 성인과 범부, 그 모습과 이름에 집착하여 분별만 해도 도는 이
내 천 리 밖으로 어긋나는 것이다. 『원각경』圓覺經에서도 아상을 가지고
증득하고 깨우쳤다고 한다면 도적을 자식으로 삼은 것과 같아서 그 집에
보배를 간직할 수 없다고 하였다.認一切我 爲涅槃故 有證有悟 不名成就故 譬
如有人 認賊爲子 其家財寶 終不成就 진여에는 진망眞妄과 범성凡聖의 차별이
없기 때문이다.

한번은 송광사 주지를 지냈던 안安 스님이 호남에서 금강산 장안사로
가다가 당시 청평사에 물러나 있던 보우대사를 방문하여 매우 간절하게
가르침을 구하였다. 대사는 그에 대해 다음의 시로 화답하였다.

도는 내 몸에 있지 산에 있지 아니한데

무엇 때문에 고단하게 지팡이 날리며 장안사로 향하는가.

일상생활 속의 마음이 도道임을 모른다면

어떻게 두건이 바로 관冠인 것을 알겠는가.

소나무에 걸린 달, 밤은 깊어 불전을 밝히는데

서리 바람 가을은 깊어 천단天壇에 떨어지네.

만약 견성見性하여 삼지三地*에 오르고 싶다면

만물을 모두 하나의 자기 몸이라 비추어 보시게.

道在於身不在山　何勞飛錫向長安

不知日用心爲道　那識頭巾布是冠

松月夜深明佛殿　霜風秋晩落天壇

若要見性登三地　萬物都將一己觀

　• 『허응당집』[1]


　또 한번은 수壽선사가 당나라 종이 한 폭을 가져와 마음의 진여와 도의 묘함을 시로 표현해 달라고 부탁하였다. 대사는 그에게 다음의 시를 주었다.


비고 밝은 거울, 본래 거울 넣는 갑匣 없느니라.

그 일 종이 갖고 나를 향해 묻다니

도道는 말에 있지 아니하니 말하면 도 아니고

---

* 십지(十地)의 셋째 단계로 모든 번뇌를 끊어 지혜의 광명이 나타나는 지위인 발광지(發光地)를 말함.

마음은 볼 수 있는 것 아니니 보았다면 마음이 아니니라.

현묘한 보배 구슬 망상罔象이 행할 때엔 밝았으나

적수赤水에서 눈 밝은 이주離朱가 찾은 곳은 깊었느니라.

똑바로 밝고 밝게 보여줄 것이니 모름지기 기억해 두어라.

중천에 뜬 달, 차가운 숲 비치고 있느니라.

冲明古鏡本無奩　底事將賤向我尋

道不在言言不道　心非有見見非心

玄珠罔象行時朗　赤水離朱索處深

直示昭昭須記取　半空山月照寒林

• 『허웅당집』2)


　적수赤水는 『장자』에 보이는 장소다. 『장자』 「천지」편에는 진리의 구슬
을 찾는 이야기가 있다. 황제黃帝가 적수 북녘을 여행하여 곤륜산에 올라
남쪽 경치를 감상하고 돌아왔는데 현묘한 보배 구슬을 잃어버렸다. 먼저
아는 것이 많은 지知를 시켜 찾았으나 얻지 못하였다. 다시 가장 눈이 밝다
고 하는 이주離朱를 시켰으나 찾지 못하고, 다음에는 말솜씨가 좋다고 하
는 끽후喫詬를 보냈지만 그 역시 찾지 못했다. 그러자 멍청하다고 하는 망
상罔象을 시켰더니 그가 이 현묘한 진리의 구슬을 찾아왔다는 이야기이
다. 보우대사는 이 글을 인용하여 한결같이 일체의 상을 떠난 무분별지無
分別智로써만이 진여를 체득할 수 있음을 강조한 것이다.

　그렇다고 색色과 성聲을 떠나서는 안 된다. "파도를 떠나 물을 찾는 것은
방에 누워 집을 찾는 것과 같다"는 가르침과 같이 바로 우리가 날마다 생
활하는 평상심이 바로 도道인 것이다. 나의 성性이 금강이요, 금강이 불성
이니, 나의 성이 바로 불성임을 알아야 한다. 보우대사는 일체의 차별상을

떠난 무분별지를 통하여 체득된 '색즉공'色卽空, '범즉성'凡卽聖의 진리가 바로 진여임을 깨우쳐주고 있다.

## 참마음과 허망한 마음

『나암잡저』에는 평소 제자들에게 가르친 법어들이 기록되어 있다.

어느 날 한 제자가 보우대사에게 물었다.

"스님께서는 항상 저희들에게 말씀하시기를 '너희들의 여러 가지 마음은 모두 허망하고 부질없는 것이니 부디 그것을 진실한 것이라고 생각하지 말라'고 하셨습니다. 이 마음을 떠나서 따로 참마음이 있습니까? 저희들은 저 모든 마음마다 다 참마음의 오묘한 작용으로서 이 마음 밖에 또 다른 마음이 없다고 생각합니다. 만일 이 마음을 떠나서 다른 참마음이 있다면 저희들을 위해 가르침을 베푸시어 저희들로 하여금 취할 것은 취하고 버릴 것은 버리게 하여 주십시오."

대사는 다음과 같이 가르쳐주었다.

"너희들은 비록 모든 마음을 참마음의 작용이라고 하지만, 그것은 진실로 오묘한 작용이 아니요, 바로 허망한 그림자이니라. 만일 그 그림자에 집착하여 진실한 마음이라고 생각한다면 그림자가 사라져 없어질 때에는 이 마음도 분명히 사라지리니, 어째서 그런지 너희는 아는가? 너희들을 위해 말해주리라.

허망한 마음은 형상이 없는데 대상을 잡아 제 몸을 이루나니 이는 곧 거울 속의 형상 같고 또한 물 위의 물결과 같다. 물을 모르고 물결에만 집착하면 물결이 잠잠할 때 마음 또한 사라지며 거울을 모르고 형상에만 집착하면 그 형상 사라질 때 마음 또한 없어진다. 촉촉한 성질 없어지지 않음을 알고 거울의 본체가 늘 밝은 줄 알면, 물결은 본래 스스로 공한 것이고 형

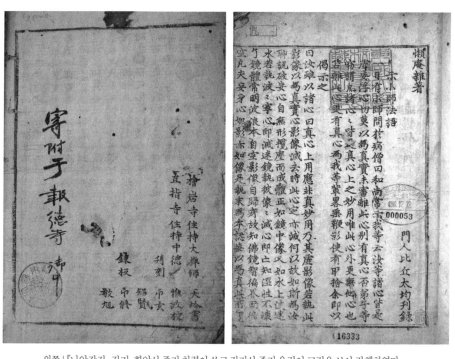

왼쪽|『나암잡저』간기. 회암사 주지 천령이 쓰고 직지사 주지 유정이 교정을 보아 간행하였다.

오른쪽|『나암잡저』첫 장. 제자들에게 주는 법어로 시작된다.

상도 저절로 적멸에 돌아가리라. 그러므로 부처의 밝은 지혜는 온 세계와 허공을 두루 비추고 범부의 부질없는 몸과 마음은 그림자 같고 형상과 같은 것이다.

이것은 끄트머리를 근본이라 고집하고 허망을 진실이라 인정하는 것이니, 이는 이른바 깨닫지 못하여 도적을 자식이라 인정하는 것이다. 수제자인 아난阿難도 이 마음에 집착하였으므로 부처님의 꾸중을 들었으니, 행여 허망한 마음 일어나더라도 부디 그것을 따르지 말 것이라. 만일 이렇게 닦아 행하면 죽음에 이르러서도 자유를 얻어 천상이든지 속계든지 원하는 대로 거기 가서 날 것이다."[3)]

본디 허망한 마음의 경계는 대상에 인연하여 생겨나기 때문에 실체가 없는 그림자에 불과할 뿐이다. 그것은 바로 거울 속의 형상과 물 위의 물결과 같으니, 허망한 물결과 형상에 집착하면 거울과 물의 본체를 알 수가 없는 것이다. 보우대사는 제자들에게 참마음과 허망한 마음을 구별하여 항상 허망하게 일어나는 마음을 따르지 말고, 밝고 고요한 실상의 참마음을 찾아 닦을 것을 가르치고 있다. 허망한 마음으로 말미암아 생겨나는 모든 경계는 실체가 없는 허깨비인 것이다.

제자들은 또 물었다.

"배우는 자들이 훌륭한 스승을 만나지 못해서 깨닫지 못했을 때에는 그 깨달음은 어디에 숨어 있으며, 갑자기 선지식의 가르침을 받아 깨닫고 나면 저 미혹하고 망녕됨은 어디로 갑니까? 그렇다면 저 미혹함과 깨달음으로써 얻고 잃는다는 말이 생기게 된 것입니까?"

대사는 다시 대답해주었다.

"생사가 유전하는 세계는 특별한 법이 없이 다만 이 한 마음이 만든 것이니, 모든 허망한 경계들은 다 생각의 움직임으로 생긴 것이다. 만일 생각이 스스로 생기지 않으면 모든 경계는 곧 실체가 없으니, 그 움직이는 생각을 돌이켜 다하면 생각도 또한 저절로 비고 고요해질 것이다. 미혹하여도 잃은 것이 없고 깨쳤다고 해도 또한 얻은 것 없는 것이니, 이 머무는 곳이 없는 참마음은 늘지도 않고 줄지도 않는 것이다.

비유하면 마치 저 연야달演若達**이 제 머리가 없어졌다고 미쳐 날뛰다가 갑자기 미친 발작이 그친다 해도 그 머리가 다른 곳에서 오지 않는 것처럼, 비록 미친 증세가 그치지 않는다 해도 어찌 그에게 잃은 것이 있겠느냐?"[4]

『능엄경』에는 부처님께서 제자인 부루나富樓那의 질문에 응대하여 설법하시는 내용이 있다. 부루나가 부처님께 "일체중생은 무슨 원인으로 허망한 생각이 있어서 스스로 묘하고 밝음을 가리고, 이렇게 윤회에 빠지게 되었습니까?"라고 질문하자, 부처님께서 연야달의 비유를 들어 말씀하셨다.

부처님께서는 "실라벌성室羅筏城의 연야달다演若達多가 갑자기 이른 새벽에 거울로 자기 얼굴을 비추어 보다가 거울 속에 있는 머리는 눈썹과 눈이 가히 볼 만한데, 자기 머리에는 얼굴도 눈도 보이지 않는다고 이것을 도깨비라고 여겨, 성을 내면서 미쳐 달아났으니 너는 그것을 어떻게 생각하느냐? 이 사람이 무슨 인연으로 까닭 없이 미쳐 달아났겠느냐?"라고 물으셨다.

부루나가 "그 사람은 마음이 미친 것일 뿐, 다른 까닭은 없었습니다"라

---

** 연야달(演若達): 인명으로 연야달다(演若達多), 사수(祠授)라고 번역한다. 하루는 거울로 자기 얼굴을 비추어 보다가 거울 속에 있는 머리는 눈썹과 눈이 볼 만했는데, 거울을 놓으니 머리의 얼굴과 눈을 볼 수 없게 되자 도깨비라고 여겨 미쳐 달아났다고 하는 비유이다.

고 답하자, 부처님께서 말씀하셨다.

"묘각이 원명圓明하여 본래 뚜렷하고 명묘明妙하거늘, 이미 허망하다고 한다면 무슨 원인이 있겠으며, 원인이 있다고 한다면 어떻게 허망하다고 부를 수 있겠는가? 스스로의 모든 망상이 전전하여 서로 원인이 되고 미혹에 미혹을 쌓아 수많은 세월을 지내왔으므로, 비록 부처님이 깨우쳐 주었으나 아직도 돌이키지 못하고 있는 것이다.

이와 같이 미혹의 원인은 바로 미혹으로 인하여 스스로 있는 것이니 미혹에 원인이 없음을 알면 망념이 의지할 데가 없어서 오히려 생生도 없거늘 어떻게 멸滅이 있다고 하겠는가? 깨달음을 얻었다는 것도 마찬가지로, 마치 잠을 깬 사람이 꿈속의 일을 이야기하는 것과 같아서 마음에는 비록 꿈속의 일이 분명하지만 어떻게 꿈속의 것을 취할 수 있겠으며, 더구나 원인이 없어 본래 있지도 않은 것이니, 저 실라벌성의 연야달다가 어찌 미친 인연이 따로 있어서 스스로 머리에 눈과 얼굴이 없다고 두려워 달아났겠는가?

홀연히 미친 증세가 없어지면 머리를 밖에서 얻는 것이 아니며, 비록 미친 증세가 없어지지 않았다 하더라도 또한 어찌 잃어버린 것이 있겠느냐? 부루나야! 허망한 성품도 이와 같으니 원인이 어찌 따로 있겠는가?

네가 다만 세간과 업의 과보 그리고 중생의 세 가지 상속을 따르고 분별하지 아니하면 세 가지 연緣이 끊어지기 때문에 세 가지 인因도 생기지 아니하여 곧 너의 마음속에 연야달다와 같은 미친 성품이 저절로 사라질 것이다. 무명이 쉬면 곧 깨어 있는 맑고 밝은 수승한 마음이 본래 법계에 두루해 있어서 다른 사람으로부터 얻을 것이 아닐 것이다. 어찌하여 그렇게 애써서 수고롭게 닦고 증득하려 하는가?

마치 어떤 사람이 자기의 옷 속에 여의주를 간직하고 있으면서도 스스

왼쪽 | 국립중앙박물관에 소장된 『원각경』. 세조 10년(1464)에 간경도감에서 간행되었으며, 표지 우측하단에 '보우'라고 명시되어 있어 그의 소장품으로 추정된다.

오른쪽 | 『원각경』의 내지 상단을 비롯한 여백에도 보우대사의 글씨로 추정되는 기록들이 보인다.

로 알지 못하고 가난하게 타향에서 걸식하며 돌아다니는 것과 같아서, 비록 가난하기는 하나 일찍이 여의주를 잃어버린 것이 아니기 때문에 홀연히 지혜 있는 사람이 그 여의주를 가리켜 주면 소원대로 마음을 따라서 큰 부자가 될 것이요, 그때서야 비로소 그 신비로운 여의주가 밖에서 얻어진 것이 아님을 깨닫게 될 것이다."[5]

『원각경』에는 일체 중생의 허깨비와 같이 실체가 없는 갖가지 조화의 경계도 모두 여래의 원각묘심圓覺妙心에서 나온 것一切衆生 種種幻化 皆生 如來圓覺妙心이라고 설하고 있다. 이것은 마치 허공의 꽃이 허공에서 생긴 것과 같아서 그 허깨비의 꽃이 사라지더라고 허공의 본성은 없어지지 않는 것과 같은 것이다. 중생들의 허망한 마음이 모두 다 사라지더라도 참마음 자리는 부동의 자리로 늘지도 않고 줄지도 않으며 항상 그 자리에 있는 것이다.

## 모두가 마음에서 생기는 것

하루는 제자들이 이렇게 말했다.

"스님께서는 항상 대중에게 말씀하시기를 '너희들은 왜 한 생각도 생기지 않으면 그것이 곧 부처라는 말에 단박 깨치지 못하는가? 만일 이 뜻만 깨달으면 수행의 지위나 차례를 따르지 않고도 바로 부처의 자리인 묘각에 오를 것이다'라고 하셨습니다. 이 말씀을 듣고는 모두 놀라지 않는 사람이 없었습니다. 그리하여 스스로 의심하며 말하기를 '비천한 범부들은 한량없는 세월을 지내오며 지은 업이 수미산처럼 큰데, 어떻게 한 마음만을 깨달아 곧 번뇌를 끊고 부처의 자리를 얻을 수 있겠는가? 이것은 참으로 사람을 속이는 마귀의 말이다'라고 하며 귀로 듣는 것조차 감당하지 못하는데 어찌 마음으로 믿을 수 있겠습니까? 그리하여 설법을 들으러 오지도 않고 도리어 의심만 일으키오니 바라옵건대 다시는 그런 말씀으로 남의 비방을 사지 마십시오."

보우대사는 다음과 같이 대답해주었다.

"마음과 경계를 진실이라 고집하면 사람이니 법이니 하는 생각을 비우지 못할 것이니, 비록 만겁 동안 닦는다 해도 마침내 도의 과보果報를 증득證得하지 못하리라. 만일 단박에 무아無我를 깨닫고 물질의 허무함을 깊이 깨닫는다면 주체와 객체가 모두 사라지리니 어찌 증득하지 못할까 근심하겠는가? 옛날에 어떤 두 비구가 살생과 간음의 계율을 동시에 범했지만 유마거사維摩居士의 한마디 말을 듣고는 함께 생멸 없는 법을 깨쳤다. 더구나 불법을 믿는 사람으로서 제 마음을 분명히 깨닫는다면 지은 업이 비록 산만큼 크더라도 마치 햇볕이 서리나 눈을 녹이는 것과 같다."[6)]

당시 보우대사의 파격적인 법문을 비방하는 수행자들도 있었던 모양이다. 그들은 유마거사의 대승법문을 감당하지 못하는 이승二乘의 수행자들이었다. 『유마경』維摩經에는 계율을 범한 두 비구의 이야기가 있다. 지계제일持戒第一의 불제자인 우바리優波離도 계율을 범하고 뉘우치며 찾아온 두 사람의 비구를 구제해주지 못하였다. 그러나 유마거사는 바로 그 죄를 없애서 두 사람의 마음이 흔들리게 하지 말라고 하며, 저 죄의 성질은 안에도 있지 않고, 밖에도 없고, 그 중간에도 없기 때문에 마음만 깨끗하면 중생이 깨끗해진다고 설법하고 있다.彼罪性 不在內 不在外 不在中間 如佛所說 心垢故 衆生垢 心淨故 衆生淨 죄 또한 마찬가지이므로 마음이 본래 모습으로 청정함을 얻으면 그때에는 일체의 더러움이 없게 된다는 것이다. 그러므로 한 생각만 생기지 않으면 수행의 지위나 차례를 따르지 않고도 바로 부처의 자리인 묘각에 오를 수 있다고 돈오의 가르침을 강조하였다.

제자들은 다시 여쭈었다.

120

"그렇다면 이미 저지른 살생·도둑질·간음·거짓말 등 모든 업장은 닦아 끊지 않아도 되겠습니까?"

보우대사는 다시 답해주었다.

"살생이나 거짓말 따위가 오직 마음에서 일어나는 것임을 관찰하면 그것들은 그 자리에서 저절로 없어지리니 무엇 때문에 다시 닦아 끊으랴? 그러므로 한 마음 깨닫고 나면 경계는 저절로 허깨비 같으니라. 어찌하여 그렇게 될 수 있는가? 너희들을 위해서 다시 말해주노라. 저 모든 갖가지 법은 모두가 마음에서 생기는 것이다. 마음이 이미 본래의 형상 없는데 법이 무슨 형상이 있겠는가?"[7]

마음에 일어나는 갖가지 상이 허깨비인 것을 분명히 알고 떠나면 그것이 바로 원각圓覺이니, 수행의 단계나 방편이 필요 없는 돈오법頓悟法인 것이다. 『원각경』에도 "허깨비인 줄 알면 곧 떠나니 방편을 만들지 않고, 허깨비를 떠나면 곧 깨달음이니 또한 점차도 없다"知幻卽離 不作方便 離幻卽覺 亦無漸次라고 설하고 있다.

제자들은 또 물었다.

"저희들은 스승님의 말씀을 들을 때마다 참마음은 신령하게 알아 고요히 비추어 보는 것이 마음이 되고, 비지 않아 머무름이 없는 것이 본체가 되며, 허깨비를 떠난 실상이 모양이 됨을 알았습니다. 그런데 허망한 마음에도 본체와 모양이 있는지를 모르겠습니다. 만일 없다면 그만이지만 있다면 허망한 마음은 무엇이 그 마음이 되고 본체가 되며 모양이 되는 것입니까?"

보우대사는 다시 대답해주었다.

"범부들의 온갖 허망한 마음은 온갖 대상의 그림자를 마음이라 여기고, 모양이 없는 텅 빈 것으로 본체를 삼으며, 대상으로 인해 일으키는 온갖 생각을 모양이라 여기는 것이다. 그대들은 생각을 마음으로 알지만 그것은 원래 자체가 없는 눈앞의 경계라서 대상이 오면 생겼다가 가면 사라지나니 대상을 따라 있다가 없어지는 허무한 드나듦이다. 경계를 따라 마음을 일으키면 모두가 경계의 마음이요, 마음을 따라 경계를 알면 모두가 마음의 경계이다. 그것들은 다 제 성품이 없고 다만 인연뿐이니 인연의 법이란 본래 실체가 없는 것이다. 진정 거울 속의 형상은 진실한 형상이 아니요, 물 속에 비친 달은 참다운 달이 아니다. 기쁘도다. 너희들은 도를 분명히 배우려고 참마음과 허망한 마음을 자세히 묻는구나."8)

인식하는 주관과 대상, 즉 능소能所가 없어져야 집착하고 분별하는 허망한 마음이 사라지고 모든 중생의 생명이 일여평등一如平等함을 깨우쳐 동체대비同體大悲의 참마음을 낼 수 있게 되는 것이다.『원각경』에서는 우리의 허망한 마음은 만약 색色·성聲·향香·미味·촉觸·법法의 육진六塵 경계가 없으면 곧 있을 수 없고, 우리의 몸도 지地·수水·화火·풍風의 사대四大로 분해되면 티끌도 얻을 수 없으니 그 가운데 인연과 티끌이 각각 흩어져 없어지면 마침내 반연攀緣하는 마음도 볼 수 없다고 설하고 있다.此虛妄心 若無六塵 則不能有 四大分解 無塵可得 於中緣塵各歸散滅 畢竟 無有緣心可見「普眼菩薩章」그러므로 신령하게 알아 고요히 비추어보는 것은 참마음이고, 온갖 대상의 그림자를 반연하는 것은 허망한 마음이니 대상으로 인해 일으키는 온갖 생각을 마음이라 여기지 말고 허깨비를 떠난 실상을 찾으라고 가르치고 있는 것이다.

하루는 지헌만덕智軒萬德스님이 청평사 조실로 찾아와 존심양성存心養性, 마음을 보존하여 본래의 성품을 기름의 요점과 대중이 임하여 일을 처리하는 방법에 대하여 물었다.

보우대사는 그에게 다음의 시를 통해 가르쳐주고 있다.

청평사 삼층탑. 보우대사는 청평사에 7년간 머물면서
절을 중창하고 후학들을 가르쳤다.

마음은 몸의 주인이며 모든 기틀의 근원이라,

천지를 포괄하여 묘하게 말문이 끊어진 자리.

보이지 아니하고 들리지 아니해도 항상 삼가고 두려워하여

잊지 말고 버리지 않는 것이 마음을 잡고 간직하는 방법이라.

놓아주어 가게 하면 일천 강물에 달그림자 비치고

잡아두고 안정시키면 일만 골짜기 구름 돌아가 머무니라.

방안에 있을 때조차 보이지 않는 곳에서 부끄러움이 없어야 하거늘

상 주거나 노여워하지 않아도 사물에 위엄 있고 은혜롭다네.

心爲身主萬機源　括地包天妙絶言

不覩不聞常戒懼　無忘無舍是操存

放行月落千江照　把定雲歸萬壑屯

在室尙無慚屋漏　非行賞怒物威恩

•『허응당집』[9]


존심양성이란 유가儒家의 마음수양법으로, 하늘로부터 부여받은 인성
人性을 잘 보존하여 사욕이 침범하여 가리는 일이 없도록 항상 삼가고 조
심하여 간직하는 것이다. 이후 성리학에서는 마음을 '허령불매虛靈不昧하
여 뭇 이치를 갖추고 만사에 응하는 것'이라고 보고, 이러한 마음의 이치를
밝혀 활연관통豁然貫通하는 것을 수기修己의 목표로 삼고 있다. 보우대사
는 만물에 응하면 일천 강물에 달그림자가 비치고, 간직하면 일만 골짜기
에 구름이 돌아가는 것으로 마음의 작용을 설명하며, "군자는 반드시 홀로
있을 때에 삼가한다"君子 必愼其獨也라는 유가 수양법을 포용하여 가르쳐
주고 있다.

『송고승전』宋高僧傳에는 신라의 고승인 원효대사와 의상대사가 함께

당나라로 구법의 길을 떠나려 하던 중에 일어난 일화가 전해진다. 배를 타고 바다를 건너 당나라로 떠나려 항구로 가던 중에 큰 비를 만나 하는 수 없이 잠시 머물 곳을 찾아 헤매다가 작은 토굴이 있어 그곳에서 몸을 피하고 하룻밤을 지냈다. 이튿날 눈을 떠보니 그곳은 바로 옆에 해골이 뒹구는 무덤 자리였다. 그런데도 비는 계속되어 한 치 바로 앞도 분간할 수 없어 나아가지 못하고 다시 그곳에서 머물 수밖에 없었다. 그런데 그날 밤에는 귀신들이 난무하여 잠을 이룰 수가 없었다.

여기서 원효대사는 큰 깨달음을 얻었다. 지난번에는 토굴이라 여겨 편히 잠을 잘 수 있었는데, 오늘 밤에는 무덤임을 알고 나니 귀신들의 장난으로 잠을 이룰 수 없었던 것이다. 대사는 이를 계기로, "아! 마음이 일어나므로 갖가지 현상이 일어나고 마음이 없어지니 토굴과 무덤이 둘이 아니다. 마음 밖에 법이 없으니, 어찌 무엇을 따로 구하겠는가?"心生故 種種法生 心滅故 龕墳不二 心外無法 胡用別求라며 당으로 향하던 길을 되돌렸다고 한다. 모두가 이 한 마음에서 일어나는 것임을 깨달았기 때문이다.

## 청정한 내 마음이 바로 부처

제자들이 스님께 여쭈었다.

"마음이 곧 부처라 하지만 마음도 부처도 형상이 없는 것은 진정 허공과 같아서 보고 들어서는 미칠 수 없는 것인데, 어째서 교리 가운데 '도를 본다' '부처를 본다'는 말이 있습니까?"

보우대사는 대답해주었다.

"근본지혜로 분명히 보면 그 본다는 것은 임시로 붙인 말이니, 그것은 눈으로 볼 수 없는 것이요, 오직 깨달아야 알 수 있는 것이다. 만일 단견斷見과 상견常見을 떠날 수만 있다면 곧 청정한 제 몸을 볼 것이니, 청정한 제

몸을 보고 나면 곧 청정한 부처도 보게 되리라. 나아가서 저 모든 법이 모두 다른 물건이 아님을 알면 모두가 부처 아님이 없고 또한 옳은 법 아닌 것이 없는 것이다. 어떻게 이치가 이런 줄 아는가? 한 마음이 모두를 포용했기 때문이다. 만일 하나의 작은 티끌이라도 그것은 부처가 아니라고 한다면, 곧 이치를 가리는 장애가 되어 보안普眼의 문에 들어가지 못하리라. 다시 너희들에게 가르쳐 주겠노라. 여래의 법으로 몸을 삼아 다만 법성法性을 관관觀해야 한다. 법성은 볼 수도 없는 것이요, 또 생각으로 알 수도 없는 것이다. 이른바 법성이란 바로 음양陰陽과 사시四時 그것이다. 이것들이 곧 부처의 몸으로서 제일의 진리인 것이다. 혹시라도 능히 이 이치를 알면 이것이 곧 부처를 본 것이니, 부처의 도는 두 가지가 아니요, 한 모퉁이로 남은 세 모퉁이를 아는 것이다."

제자들은 또 물었다.

"이미 마음과 부처가 둘이 아니라서 마음 밖에 부처가 없고, 부처가 곧 마음이라 한다면 무엇 때문에 경전에서는 '화신불化身佛이 나타나 중생들에게 상응한다'고 하였습니까?"

대사는 다시 대답해주었다.

"여래의 청정한 법신은 나오거나 사라짐이 없건만, 다만 진상에서 변화를 일으켜 가고 옴을 보였을 뿐이다. 그러므로 오는 모양으로 온 것이 아니요 보이는 모양으로 보인 것도 아니니, 오지 않았는데도 온 것은 물속의 달이 완전히 드러난 것과 같고, 보이지 않았는데도 보인 것은 구름이 흘러가면 홀연히 나타남과 같은 것이다. 이것은 다 마음의 느낌으로 나타난 것이니 어찌 부처가 참으로 화신을 보냈겠는가? 중생의 근기가 익숙해지면 제 마음에서 오는 부처를 보리라. 그러므로 청정한 업이 이루어지면 눈만 뜨면 부처의 몸을 볼 것이요, 또 나쁜 업이 익숙해지면 눈만 감으면 지옥을 볼 것이다.

비유하면 복덕이 있는 사람은 자갈을 잡으면 자갈이 금으로 변하고, 가난하며 복이 없는 아이는 금을 만나도 금이 자갈로 변함과 같으니라. 자갈이 금이 아니건만 금이 생기고 금이 자갈이 아니건만 자갈이 생겼으니, 금도 곧 마음에서 생긴 것이요 자갈도 또한 마음에서 나타난 것이다. 변하는 것이 다 내게 있으니 금이나 자갈이 어디서 생겼겠는가? 의심을 품은 그대들이여! 부디 빨리 이런 뜻을 알아라."[10]

『열반경』涅槃經은 "모든 중생에게는 불성佛性이 있다"一切衆生 悉有佛性라는 진리를 우리에게 가르쳐주고 있다. '마음이 곧 부처다' '청정한 이 마음이 바로 정토淨土다'라는 법어들은 중생과 부처와 마음이 하나라는 위대하고 평등한 진리의 가르침을 우리에게 전해준다. 그래서 보우대사는 청정한 자기를 보는 것이 바로 부처를 보는 것이며, 작은 티끌 하나도 부처 아닌 것이 없다고 설파하고 있다.

보우대사는 또한 주변의 스님들에게 올바른 수행법을 제시하여 잘못된 수행을 바로잡아 주기도 하고, 제자들에게 공부하는 법을 자세히 일러주기도 하였다.

부처 되는 일 궂은 고행과 무슨 관계있는가.
몸 고단하게 하여 부질없이 온전한 마음 손상시키네.
발가벗고 도를 관하니 응당 법도가 아니며
곡식 끊어 진리 찾는 일, 이 또한 선禪이 아니라네.
모름지기 서암瑞巖스님 항상 주인공 부르는 일*** 배우고

---

*** 서암환주(瑞巖喚主): 서암이 매일 반석에 앉아 "어! 주인공" 하고 부르고는 또

남악南嶽스님처럼 일부러 벽돌 갈아 거울 만드는 일**** 하지 말게나.

스님이란 도가 차야 현묘한 이치 깨닫는 법,

이것이 만고에 수행인의 큰 법도라네.

作佛何關苦行堅　勞身徒自損心全

裸衣觀道應非法　辟穀求眞不是禪

須學瑞岩常喚主　莫敎南嶽故磨磚

僧那爲滿開玄訣　萬古修行人大詮

• 「발가벗고 곡식 끊은 스님에게」示裸衣絶穀僧,『허응당집』


공부는 모름지기 진리의 근원에 도달해야 하니

도달하지 못한 사람 누가 법손法孫이라 부르던가.

육진六塵 · 육경六境 본래 공空하거늘 어찌 바탕 있겠는가.

망정妄情은 허깨비 같아 본래 뿌리 없도다.

생각 떠나야 선禪의 강물 청정해짐을 알았다면

생멸하는 마음 멀리 보내 지혜의 달 어둡게 하지 말지라.

파란 눈의 늙은 오랑캐, 달마대사가 전해준 일이란

푸른 산 머리 위에 흰 구름 쟁반을 이고 있는 일이니라.

做工須到達眞源　未達何曾號法孫

塵境本空奚有體　妄情如幻自無根


---

"예" 하며 자문자답하였다는 화두.

**** 남악마전(南嶽磨磚): 마조(馬祖)가 좌선을 하는데, 남악이 벽돌을 반석 위에 놓고 갈았다. 마조가 "무엇을 하려는가"라고 물으니 남악이 "거울을 만든다"라고 대답하자 마조가 "벽돌을 갈아서 거울이 되는가?"라고 하니 남악이 "좌선한다고 부처가 되는가?"라고 하였다는 화두.

석가 고행상(2세기경, 파키스탄 라호르 박물관 소장).
싯다르타는 맹렬한 고행을 닦았으나 그 결과 남은 것은 피골이 상접한 육체와
피로한 마음뿐이었다. 그는 고행을 통한 수행 대신 보리수 아래 앉아
깊은 성찰에 잠겨 연기(緣起)의 도리를 관찰, 생사·괴로움의 근원은
진리에 대한 무지임을 깨닫고 무명(無明)을 멸함으로써
열반(涅槃)을 증득하였다.

既知離念禪河淨 莫遣生心慧月昏

碧眼老胡傳底事 靑山頭戴白雲盆


방 물 뿌려 쓸며 우리 도道 알고 싶은가.

찾아보아도 일찍이 다른 곳에 있지 않네

동쪽 울타리에서 국화꽃 따며 현묘한 진리의 채마전 가꾸고

서쪽 개울에선 장삼 빨아 파란 담쟁이덩굴에 걸어놓는다.

추우면 화로 향해 고요한 방에서 잠자고

더우면 깊은 물 찾아가 맑은 물결에 목욕을 하니

어리석은 사람이 천진한 부처 모르고

몸 밖에서 부질없이 석가모니 찾느라 수고한다네.

室灑欲知斯道耶 求之曾不在於他

東籬採菊栽玄圃 西澗湔衫掛碧蘿

寒向火爐眠靜室 熱尋潭水浴淸波

愚人迷此天眞佛 身外徒勞覓釋迦

　•「한가한 중에 게송을 써서 제자들에게 공부에 힘쓰도록 함」閑中書
一伽陀 示小師等做工勉力 2수, 『허응당집』


중생과 부처는 둘이 아니라 하나이다. 그러나 차이는 있다. 깨달으면 부
처요, 깨치지 못하면 중생이다. '깨친 사람'을 뜻하는 '불타'佛陀, Buddha라
는 말은 중생과 부처가 근본적으로 평등함을 말해주고 있는 것이다. 존재
의 참모습을 여실히 볼 수 있으면 그것이 바로 부처를 보는 것이니, 삼라만
상이 이 한 마음 안에 있는 그대로의 모습으로 포섭된다.

　대상을 따라 수없이 생겼다가 없어지는 허망한 마음을 떠나면 내 안에

간직되어 있는 참마음의 보배가 저절로 드러날 것이니, 바로 그 자리가 생멸이 없는 고요함으로, 끊을 번뇌도 없고 닦을 도道도 없는 것이다. 그래서 보우대사는 비록 살생의 계율을 범했다고 하더라도 한 마음만 깨친다면 바로 그 자리에서 모든 죄의 업이 사라진다고 가르치며 의심하는 제자들을 바른 깨달음의 길로 인도해주고 있는 것이다.

# 4 다시 일으킨 불교

밝은 시대 다시 일어나니 호상(毫相)이 광명을 놓으며
밝고 밝은 융성한 왕업은 요순시대보다 낫도다.
예전엔 향초와 잡초가 한 골짜기에 섞여 났지만
지금은 옥돌과 잡석이 분별되어 다른 상자에 들게 되었네.
금 도장으로 비로소 임금의 덕화 소중함을 알았고
붉은 인주로 처음 성은의 장원함을 보았노라.
가련한 우담발화 남은 꽃가지
오십 년 만에 한 번 향기 나는구나.

## 봉은사 주지가 되다

금강에서 하산한 보우대사는 안변 석왕사 인근의 은선암에서 하안거를 마치고 다시 함흥으로 옮겨와서 북쪽의 반룡산 초당을 거쳐 서쪽에 있는 백운산 국계암捌溪庵에 자리를 잡았다. 그곳에서 3년간 머물다가 명종 3년1548 9월에 호남 지방을 향해 다시 발길을 옮겼다. 그러나 가는 길에 풍병에 걸려 천보산天寶山 회암사檜嚴寺의 차안당遮眼堂에 누워 몇 달을 보내게 되었다. 그때 당시 봉은사奉恩寺 주지였던 명곡明谷스님이 노환으로 사임하자 보우대사가 그 후임으로 발탁되었다. 이때 그의 세수는 39세였다.

봉은사는 현재 서울시 강남구 삼성동에 있는 봉은사를 말한다. 본래 신라 원성왕 10년794에 연회緣會 국사가 창건한 절로, 당시에는 견성사見性寺로 불렸다고 한다. 하지만 고려 이후 사적이 전해지지 않아 분명하지는 않다. 이후 연산군 4년1498에 정현왕후가 성종을 모신 선릉宣陵의 능침사찰陵寢寺刹로 능 동편에 있던 견성사를 중창하고 봉은사로 개명하여 오늘날에 이르렀다.

능침사찰이란 선왕의 명복을 빌기 위해서 능 옆에 세운 사찰로서 나라에서 세우고 관리하는 일종의 왕실 직할의 사찰을 말한다. 원당願堂 또는 원찰願刹이라고도 하는데, 이러한 사찰들은 불교가 탄압받던 조선시대에도 왕실의 보호 하에 있었기에 다른 사찰보다 제약과 탄압을 덜 받고 존립할 수 있었다. 따라서 이러한 왕실 직할 사찰의 주지를 맡는다는 것은 당시 불교계의 정황으로 보아서 사실상 교계를 대표할 정도의 중요한 직책이라고 할 수 있다.

보우대사는 그해 12월 15일에 문정왕후文定王后, 1501~65의 명을 받아 봉은사 주지로 부임하게 되는데, 이후 불교계를 중흥시키는 파란 많은 대

서울 강남구 삼성동에 자리하고 있는 봉은사 전경.
보우대사는 명종 3년(1548) 12월에 문정왕후의 명을 받고 이 절의 주지로 부임하여
이곳을 선종의 수찰(首刹)로 삼아 불교를 중흥시키는 대역사를 주도하였다.

역사를 주도하게 된다.

중종의 계비인 문정왕후는 본관은 파평이며, 부친은 윤지임尹之任, ?~1534으로, 중종 12년1517에 왕비로 책봉되었다. 그후 1545년에 열두 살의 어린 나이인 명종이 보위에 오르자 8년간 수렴청정을 하였는데, 당시 불교계는 왕실의 불교신앙에 힘입어 일방적인 척불 시기에서 벗어나는 국면으로 접어들게 되었다.

마침내 문정왕후의 독실한 불교신앙과 보우대사의 주도적인 활동이 어우러져서 선·교 양종이 부활되어 교단이 정비되고 승과가 다시 실시되는 등 일련의 부흥기를 맞게 된다. 하지만 이 기간 중 교계를 주도하던 대사는 불교를 배척하는 조정 대신들과 유생들에게 요승으로 몰리며 온갖 수모를 겪어야 했다.

봉은사 주지로 부임하게 된다는 소식을 들은 보우대사는 당시 회포를 다음과 같이 적고 있다.

무신년 가을 9월에 내가 영북에서 호남으로 옮겨가다가 도중에 풍병이 들어 천보산 회암사 차안당에 머물면서 누워 몇 달을 지냈다. '마침내 죽는구나'라고 생각했는데, 홀연히 하늘의 보살핌을 얻어 겨우 남은 생명을 건지게 되었다. 이때 봉은사의 명곡조사께서 노환으로 봉은사 주지 자리를 사임하게 되자 대신 나를 그 자리에 앉히겠다는 말을 듣고 곧 게송 하나를 지어 병든 회포를 밝힌다.

쇠약하고 병듦이 이제는 온몸에 가득하려 하는데
전생의 도업 머뭇거림이 부끄럽구나.
구름 깊은 총림에 나의 옹졸한 몸을 의탁하는 것이 합당하거늘 이름난 사찰에 어찌 주인이 될 만하겠는가.

떨어진 가사 한평생이 참다운 삶의 길이라.

짧은 지팡이로 천리 길 어정거림이 좋다네.

요리사가 비록 음식을 제대로 못한다 해도

제사의 축관이 어찌 분수를 뛰어넘어 제물 진설함을 대신하리요.

衰病如今欲滿身　從前道業愧因循

雲林只合容吾拙　名利那堪作主人

破衲一生眞活計　短筇千里好逡巡

庖翁縱未治庖事　尸祝何勞代越陳

　•『허응당집』[1]


　보우대사는 자신의 성품이 소탈하고 게으르며 또한 몸이 쇠약하여 구름 속 총림에 몸을 숨기고 사람들 앞에 나가지 않으려고 했는데, 뜻하지 않게 문정왕후의 명을 받아 봉은사 주지로 부임하게 된 것이었다. 그러나 그는 끝내 사양하지 못하고 주지로 부임하게 됨을 부끄럽게 여기며 다음과 같이 적고 있다.


　병 앓은 뒤 겨우 머리 들기를 배우고 있는데

　왕후의 조서 구름 깊은 언덕에 온 소식 놀라며 들었노라.

　담장 넘어 도망치자니 공손한 도리가 아니라는 비난 들을까 두렵고

　귀를 씻고 못 들은 것으로 하자니 세상을 피해 산다는 허물 될까 부끄럽다.

　멀리서 온 사신은 오경에 범 석장을 재촉하여

　북풍 불고 잔설 덮인 양주 땅을 지나왔네.

석양에 얼음 위 청담의 물 건너 선원에 들어오니
나보다 위에 계신 스님들께 부끄럽기만 하여라.

病後纔能學擧頭　驚聞丹詔入雲丘
踰墻恐被非恭讁　洗耳慚成彼世尤
星使五更催虎錫　朔風殘雪過楊州
夕陽永渡淸潭水　入院難堪愧上流

• 『허응당집』[2)]

　　보우대사가 봉은사에 도착한 이튿날 새벽 오경五更에 불전에 올라 향을
사루고 예불을 마치자, 한 스님이 법문을 청하였다. 대사는 다음의 게송을
지어 스님들에게 보여주었다.


　　높은 산 천년을 이어온 큰 가람에
　　조서 받들어 향 품고 불감에 오르니
　　일천 잎새 보련은 묘한 모습으로 피어나고
　　맑은 경쇠소리 현묘한 이야기 하소연하네.
　　구름은 새벽 불전에 깃들어 첫 눈을 날리고
　　바람은 향로 연기 끌어가 이미 산 빛이 되었네.
　　이 또한 십분 비밀 누설된 것인데
　　산승이 어찌 다시 입을 나불거리겠는가.

　　喬山千載大伽藍　奉詔懷香上佛龕
　　千葉寶蓮開妙相　數聲淸磬訴玄談
　　雲侵曉殿初飛雪　風引爐煙已作嵐
　　此亦十分成漏洩　山僧何更說喃喃

• 『허응당집』[3]

천 잎의 보련과 맑은 경쇠소리, 그리고 향 연기를 비롯한 이 모든 색·성·향·미·촉·법 육진六塵의 경계가 그대로 부처님의 법음法音이요 진여의 무정설법無情說法이니, 또다시 설법할 필요가 있겠냐는 것이다. 중생에게는 육진이 티끌의 경계로 번뇌를 일으키는 대상이지만, 본래는 낱낱이 청정한 진여의 세계이니 어찌 무정설법은 들으려 하지 않고 유정설법을 청하느냐는 대사의 가르침이다.

당송팔대가唐宋八大家의 한 사람인 소동파蘇東坡는 선에 관심을 가지고 제방의 고승들을 찾아다니며 법을 물었다. 한번은 동림상총東林常總 선사를 찾아가 법문을 듣고자 했다. 이때 상총선사가 사람의 말만 들으려 하지 말고 무정설법을 들으라고 하자, 이 말에 충격을 받은 그는 무정설법이란 화두를 곰곰이 생각하며 나귀 등에 올라타고 절을 내려왔다. 내려오던 도중에 골짜기에 폭포물이 떨어지는 곳이 있었다. 계곡을 건너던 소동파는 폭포 떨어지는 소리에 크게 깨쳤다. 그리고 「계성산색」溪聲山色이라는 오도송을 읊었다.

계곡 물소리가 바로 부처님 법문인데,
산색인들 어찌 청정한 법신이 아니랴.
밤새도록 들은 팔만사천 법문 소식을
다른 날 어떻게 사람들에게 비슷하게라도 드러내 보여줄 수 있을까.
溪聲便是廣長舌　山色豈非淸淨身
夜來八萬四千偈　他日如何擧似人

일체만유가 진여 아닌 것이 없으니 눈에 가득한 저 청산이 본래면목이요, 눈에 보이는 그대로가 깨달음이며, 손에 닿는 것 그대로가 진실인 것이다.一切萬有 莫非眞如 滿目靑山 本來面目 觸目菩提 觸事而眞

보우대사에 대한 유림들의 배척은 봉은사 주지로 임명되어 교단 부흥의 터전을 마련한 명종 3년1548 12월 15일 이후부터 본격적으로 시작되었다. 문정왕후의 돈독한 불교신앙에 의해 내수사에서는 각종 불교행사가 시행되었고, 전 왕조 때 삭감된 사찰의 토지도 조금씩 환급되었다.

또한 선대 왕릉의 제례를 맡고 있던 능침사찰을 중심으로 승도가 날로 늘어나게 되자 유생들은 이를 문제 삼기에 이르렀다. 이듬해인 명종 4년 9월에 황언징黃彦澄 등이 능침사인 정인사正因寺와 회암사檜巖寺에 가서 소란을 피우고 기물을 파손하는 등 훼불사건이 발생했다. 그러자 문정왕후는 봉은사와 봉선사奉先寺 두 사찰의 경우와 같이 유생들의 출입을 금하고 황언징을 과거에 한 번 응시하지 못하도록 명하였다.

이 사건을 시발로 성균관 유생 안사준安士俊 등이 같은 해 9월에 요승 보우를 죽이고 황언징을 사면할 것을 6일간 계속 상소하였다. 명종이 윤허하지 않자 그들은 이듬해인 명종 5년 1월에 또 요승 보우를 죽일 것을 한 달이 넘게 상소하였다. 그럼에도 명종은 "보우도 역시 하늘이 낸 백성이므로 함부로 죄줄 수 없다"며 윤허하지 않았다.

이어 동년 3월 지경연사知經筵事 임권任權, 1486~1557이 "보우는 간사한 자이며 그의 무리가 재물을 빼앗기 위하여 사람을 살해하는 등 방자하게 행동한다"라고 무고하여 죄줄 것을 아뢰었다. 문정왕후는 봉은사의 경우 봉공奉供이 많아 모함하고 해치는 자들이 있기 때문이니 남의 말에 현혹되지 말라고 일축하였으며, 이어 예조로 하여금 팔도에 공문을 보내도록

하여 81개 사찰에 잡인의 출입을 금하는 푯말을 세우도록 조처함으로써 과격한 유생들의 사찰 훼손행위를 막았다.

이전의 중종대의 척불정책으로 인하여 유생들의 사찰과 승려에 대한 훼불 행위가 조금도 거리낄 것이 없던 법난을 겪은 불교가 이제는 왕실의 보호로 어느 정도 제 위치를 지켜나갈 수 있는 계기를 마련하게 된 것이다. 이를 기반으로 보우대사는 지속적으로 중흥불사를 추진해나갈 수 있었다. 그러나 그에 대한 모함과 상소는 시작에 불과하였으니 위법망구의 도량이 아니고는 그 누구도 감당할 수 없었을 것이다.

## 양종의 복립과 빗발친 배불상소

보우대사가 봉은사 주지로 부임한 지 2년이 되는 명종 5년1550 12월 15일에 문정왕후는 역사적인 선·교 양종의 복립을 명하였다. 이는 연산군의 폭정에 의해 선종도회소禪宗都會所인 흥천사興天寺와 교종도회소敎宗都會所인 흥덕사興德寺가 폐사되어 선·교 양종의 교단이 없어진 지 46년 만의 일이다. 당시 그의 세수가 41세였으니, 출생 이전에 이미 불교 교단이 폐지되었던 것이다.

문정왕후는 비망기에서 양종의 복립 이유를 다음과 같이 말하고 있다.

양민의 수가 날로 줄어드니 군졸의 고통스러움이 지금보다 더한 때가 없다. 이것은 다른 까닭이 아니라 백성들 가운데 네다섯 명의 아들이 있을 경우 군역의 괴로움을 꺼려서 모두 도망하여 중이 되니, 이 때문에 승도는 날로 많아지고 군인의 수는 날로 줄어들어 나라꼴이 매우 한심스럽다. 뿐만 아니라 대체로 승도들 중에 통솔하는 이가 없으면 잡승을 금단하기 어렵다. 조종조의 대전에 선종과 교종을 설립해놓은 것은 불교를 숭상해서가 아니라 중이 되는 길을 막고자 함이었는데, 근래에 단행된 혁파로 폐단을 막기가 어렵게 되었다. 따라서 봉은사와 봉선사를 선종과 교종의 본산으로 삼아서 대전에 따라 승려 과거제도와 승려가 될 수 있는 조건을 신명하여 거행하도록 하라.

　•『명종실록』권10, 5년 12월 갑진

　사실상 양종을 다시 세우는 일은 보우대사의 불교 중흥을 위한 굳은 의지와 문정왕후의 독실한 불심에서 비롯된 것이었다. 대사는 봉은사 주지로 있으면서 불교를 다시 일으키기 위해서는 무엇보다도 폐지된 교단을 다시 일으켜 세우는 일이 가장 시급한 문제임을 직시하였고, 이를 문정왕후의 독실한 불심을 통해서 실현할 수 있을 것이라 여겼다. 문정왕후 또한 대사가 불교를 다시 일으킬 수 있는 적임자임을 알아보고 역사적인 선·교 양종의 복립을 명한 것이었다.

　보우대사는 교단이 세워져야 지속적인 힘을 가지고 불교 중흥을 실현할 수 있으며, 또한 승과를 통해서 인재가 양성되어야 불교의 앞날을 내다볼 수 있기 때문에, 당시 어려움에 처한 소소한 문제에 대한 현실적인 지원책보다는 교단과 승과제도의 복구가 더없이 소중한 문제 해결의 핵심이라는 것을 분명히 알고 추진하였던 것이다.

　그러나 당시 불교에 대한 배척은 매우 극심했다. 이 때문에 문정왕후는 불교를 다시 세우는 대외적인 명분을 종교적인 데서 찾지 않았다. 양종을 다시 세우라는 하명이 오히려 불교 교단의 정비를 통하여 군역의 감축을 막는다는 명분을 내세운 것도 이 때문이다. 이에 대한 유림의 배척은 매우 거셌다. 조정대신과 홍문관·사헌부·사간원을 비롯하여 성균관 및 기타 지방 유생들의 양종 설치와 승과에 대한 반대가 연일 지속되었다.

당시 성균관 유생들이 양종의 복립에 반대하여 감행한 집단시위의 한 형태가 권당捲堂이었다. 유생들이 국가에 대한 집단의사의 표시로 수업을 거부하고 관을 비운다 하여 공관空館이라고도 하는데, 이는 세종 때부터 나타났다.

세종이 말년에 불교를 독신하여 유림의 반대를 무릅쓰고 궐내에 내불당內佛堂을 짓고자 하자 성균관과 사학四學이 합세하여 수업을 거부하고 관을 비우는 사태가 일어났던 것이다. 당시 성균관 유생들은 문묘에 예를 올린 다음 이단인 불교가 성하면 도덕이 쇠하여진다고 역설하였고, 이러한 뜻이 관철되지 않으면 성균관에 돌아오지 않겠다고 주장하였다. 이에 대하여 세종은 유생들의 버릇을 고쳐야겠다고 생각하고 몇몇 유생을 처벌하고자 하였으나 사건은 단시일 내에 수습되지 않았다. 당시 영의정이던 황희黃喜, 1363~1452가 유생들의 집을 일일이 방문하는 과정에서 수모를 당하기도 하였으나, 결국 명정승의 큰 도량으로 해결한 적이 있었다. 유생들은 "그대가 정승으로 있으면서 임금의 그릇된 것도 바로잡지 못하는가"라는 막말을 하였다. 그러나 황희는 화를 내기는커녕 젊은이들의 기개가 이 정도이니 우리나라의 앞날이 밝다며 오히려 기뻐하는 모습을 보였다고 한다.

명종 6년 정월에 성균관 유생들은 양종의 복립과 승과 및 도승제도의 시행에 반대하며 권당을 행하였는데, 당시 임금에게 올린 상소문의 내용은 다음과 같다.

신들이 위로는 임금을 바로 인도하지 못하고 아래로는 정도를 지키지 못하였습니다. 울부짖으며 간하는 정성이 간절하지 않은 것도 아니며, 사랑하며 연모하는 회포가 깊은 것도 아닌데, 임금의 마음이 이미 현혹되어 충성스런 말이 끝내 받아들여지지 않고 이단이 이미 극성하여 유교의 도는 결코 구제할 수 없게 되었으니, 진정 운명이 다한 것입니다. 통곡한들 무슨 소용이 있겠습니까? 스스로 멀리 떠나서 목숨을 버리고 도를 따라야 할 것입니다. 무슨 면목으로 성균관에 외람되이 머물러 있으면서 나라의 녹만 허비하겠습니까? 차라리 종신토록 전하의 하찮은 시골 농민이 될지언정 성균관의 선비가 되는 것은 원하지 않습니다. 전하께서는 망령됨을 용서하소서.

유생들은 상소를 올리고 공자를 비롯한 성현들의 위패를 모신 문묘에 배례를 올리고 난 뒤 성균관을 비우고 떠나갔는데, 당시 상소문에 대한 임금의 답변은 이러했다.

조종조에 어찌 유자儒者가 없어서 이런 법이 있었겠는가? 이 법이 시행된 것은 이미 오래인데도 우리의 도에 해가 된다는 말은 아직 듣지 못하였다. 지금 비록 옛 제도를 되살린다고 하더라도 유교만을 전적으로 공부하게 하면 무슨 해가 있겠는가? 그런데 너희들이 어찌하여 이렇게까지 극도에 이르는가? 다시 생각하도록 하라.
• 『명종실록』권 11, 6년 1월 기유

그러나 사태는 해결될 기미를 보이지 않았다. 겨우 달을 넘긴 2월 13일에야 비로소 일곱 명의 유생만이 성균관에 복귀하였다. 당시 권당 때문에 성균관에서는 공자를 기리는 제례인 석전제釋奠祭마저 올리지 못하는 사태가 일어나고 말았다.
조정대신과 홍문관·사헌부·사간원을 비롯하여 성균관 및 기타 지방 유생들의 이와 같은 배불상소는 잇달아 5월까지 무려 446회에 달하였다. 이 기간 중의 상소 내용은 크게 다음 두 가지로 분류할 수 있다. 첫째, 출가하여 부모를 봉양하지 않고 임금에게 충성도 하지 않으며, 다만 허무와 적멸함을 숭상하는 이단의 가르침인 불교를 흥하게 하면 유교가 쇠하게 된다. 둘째, 암탉이 수탉으로 변하는 등 각종 재변이 일어나는데, 이는 불교를 다시 일으켜 세우고자 하기 때문이며, 보우는 요승이니 물리쳐야 한다는 것이었다.

명종 5년 12월에 사헌부에서는 "이단은 매양 치성할까 염려하는데도 더욱 치성해지고, 우리 도인 유교는 쇠퇴할까 걱정하는데도 더욱 쇠퇴해집니다. 이번 고비는 실로 우리 유교와 이단이 소장消長하는 계기가 될 것입니다"라고 하며 양종 복립의 명을 거두어달라고 아뢰었다. 홍문관 부제학 경혼慶渾 등은 "이단 중에서도 불씨佛氏의 해가 더욱 커서 예로부터 성왕들이 매우 미워하고 통렬히 끊으려 하였으나 오히려 금할 수 없는 것을 근심했습니다. 하물며 추종하여 확대시키는 데이겠습니까? 무부무군無父無君의 교리와 놀고먹는 무리들은 도덕과 윤리를 없애며 부역과 세금을 도피하니 우리 유교와 백성들의 큰 좀입니다. ……더구나 그들이 가르치는 것은 허무적멸虛無寂滅의 설에 불과하여 그 해가 마침내 임금도 없고 아비도 없는 지경에까지 이를 것입니다. 그렇다면 그것이 나라에 무슨 이로움이 있다고 그 설을 시험하여 사람들을 중으로 만들겠습니까? 군사의 증가에는 도움이 없고 전하의 광명한 덕에 누가 될 뿐입니다"라고 차자箚子를 올려 양종 복립과 도승제를 반대하였다.

이와 같이 양종 복립 하명 직후에 주로 이단배척과 제도적인 면에서 배불논리가 전개되었으나 윤허받지 못하자, 드디어 보우대사를 연계하여 중상모략하는 내용이 등장하게 되었다.

명종 6년 2월에 특진관 강현姜顯은 "암탉이 수탉으로 변한 것은 예사롭지 않은 변괴입니다. ……이는 이교를 존중하고 양종을 복립한 때문이 아니겠습니까? 신이 듣기에 승 보우는 간사하고 불측한 자입니다. 경문을 대강 해독하여 문사인 정만종과 사귀면서 자칭 부처라고 하니 어리석은 백성들만 혹신惑信하는 것이 아닙니다. 정만종이 함경감사로 있을 때 그 또한 보우에게 현혹되어 늘 관사에다 모셔두고 떠받들며 못하는 일이 없었다고 하니, 함흥은 실로 보우가 자취를 드러낸 곳입니다. 마침 그곳에서 재변이 생겼다고 하니 어찌 그 자 때문이 아니겠습니까? 지금 보우를 쫓아낸다면 유생들은 부르지 않아도 스스로 올 것이요, 천변은 근심하지 않아도 저절로 사라질 것입니다"라고 하여 재변을 들어 보우를 모략하였다. 이어 4월에는 함경어사 왕희걸王希傑, ?~1553이 글을 올려 보우가 을사사화乙巳士禍, 1545에 연루된 계림군 유瑠를 숨겨주고 그를 위하여 재를 하였다고 모함하여, 조정대신들이 추국 치죄할 것을 연일 아뢰었다. 그러나 근거 없는 뜬소문이라고 하여 명종은 끝내 윤허하지 않았다.

또한 명종 6년 3월 16일에 동지중추부사사同知中樞府事 신영申英, 1499~1559은 『이단변정』異端辨正이라는 불교 비판서적을 중국에서 가져와 임금에게 바쳤다. 당시 명종은 이 책을 인쇄하여 반포해야겠다는 의사를 표하기도 하였다.

어느 정도 예상은 하였겠지만, 이와 같이 빗발치는 불교배척 상소와 함께 개인적인 모함을 접하게 된 보우대사는 당시의 참담한 심정을 다음과 같이 술회했다.

종문을 중흥하라는 임금의 명령 구름가에 내려지니
조야의 놀란 마음 땅을 흔들어 미친 듯하네.

양사兩司의 차자는 역수易水도 마르게 하고

사학四學의 소장은 종이가 다할 지경이로다.

배척하는 말 수많은 입에서 치솟아 구름은 들에서 근심하고

외로운 이 몸에 죄가 덮이니 해도 하늘에서 참담하도다.

설사 내가 지금 세상에 없더라도

후세에 길이 선禪이 없을지 어찌 알리오.

興宗綸命下雲邊　朝野驚心動地顚

箚字兩司窮易水　疏章四學竭蠻箋

言騰萬口雲愁野　罪萃孤身日慘天

縱使懶庵今不有　寧知後世永無禪

　•「온 조정이 매우 놀라 불교를 배척하는 상소를 올린다는 놀라운 소식을 듣고 두 수의 게송을 지음」驚聞滿朝震驚上乞排佛 因述二偈 중에서, 『허응당집』

## 선종판사를 맡아 불교를 일으키다

　문정왕후는 척불세력들의 상소가 잇따랐지만 교단 정비를 지속적으로 소신 있게 추진하였다. 명종 6년 5월에는 선종과 교종에서 시행해야 할 조목인 양종응행절목兩宗應行節目을 예조에 내려 양종과 팔도에 공문을 보내고 모든 사찰에서 시행하도록 하였으며, 같은 해 6월 25일에는 특명을 내려 보우대사를 판선종사 도대선사 봉은사 주지로, 수진守眞을 판교종사 도대사 봉선사 주지로 임명하였다. 이로써 실질적인 불교 교단이 체제를 갖추게 되었으며 불교 중흥의 기틀이 마련되었다.

　그러나 선종판사에 임명된 뒤 보우대사는 조정대신들의 반대에 부딪혀 임금의 은혜에 감사하는 의례인 사은숙배謝恩肅拜마저 궐 안에서 행하지

못하고 광화문 밖에서 할 수밖에 없었다. 그럼에도 대사는 그날의 가슴 벅찬 감회를 다음과 같이 적고 있다.

우리 성상 즉위 7년명종 6년 되는 신해년 여름 6월 어느 날, 성상께서는 요임금과 같은 어짊과 순임금과 같은 효성으로 조종의 법전을 따르시어 선·교의 두 종문을 복구하게 하시고, 신승 보우를 선종판사로 삼으시고 승 수진을 교종판사로 삼으시어 이어 종인宗印을 내려주셨다. 신은 한편 놀라고 한편 감격함을 이기지 못하여 엎어질 것 같고 자빠질 것도 같아 어떻게 경하해야 할지를 알지 못하고 삼가 산어를 수습하여 진땀을 흘리며 두 수의 게송을 지어 올리나이다.

성스러운 덕으로 천지와 같이 덮어주시고 감싸주시니
천 개의 붓으로도 그 밝고 밝은 덕을 칭송할 수 있겠는가.
기원정사 보리수나무에 봄이 돌아오니 꽃은 다시 피어나고
해는 금빛 모래 여울에 비치니 땅은 다시 새롭네.
온 나라가 이미 부처님의 교화를 여는 혜택 입었고
만백성은 처음으로 요임금시대 만났다고 축하하네.
조계에 다행히 남아 있는 물결 있어서
외람되게 내 몸에까지 미치니 부끄러운 땀방울 떨어지도다.
聖德同天地覆燾　可將千筆頌熙熙
春回祇樹花重發　日照金沙地復奇
一國旣蒙開佛化　萬民初賀値堯時
曹溪幸有餘波在　忝及吾身愧汗垂

밝은 시대 다시 일어나니 호상毫相이 광명을 놓으며

밝고 밝은 융성한 왕업은 요순시대보다 낫도다.

예전엔 향초와 잡초가 한 골짜기에 섞여 났지만

지금은 옥돌과 잡석이 분별되어 다른 상자에 들게 되었네.

금 도장으로 비로소 임금의 덕화 소중함을 알았고

붉은 인주로 처음 성은의 장원함을 보았노라.

가련한 우담발화 남은 꽃가지

오십 년 만에 한 번 향기 나는구나.

昭代重興毫相光　熙熙盛業邁虞唐

薰蕕昔混生同谷　鼠瑾今分入異箱

金印始知王化重　紫泥初見聖恩長

可憐優鉢花餘朶　五十年來一度香

• 『허응당집』4)

　　보우대사는 교단의 중흥을 위해서 『경국대전』 도승조에 의거하여 우선 도승부터 실시하였다. 조선시대의 기본 법전인 『경국대전』은 1460년세조 6에 착수하여 1485년성종 16부터 시행된 법전으로, 우리나라에 전해오는 법전 중 가장 오래되고 유일한 것이다. 「예전」禮典의 도승조에는 조선시대에 승려에게 도첩을 발급하는 법과 선교 양종의 선시選試 시행법, 주지의 임명 절차와 처벌에 관한 법 등이 기술되어 있는데, 그 내용을 보면 다음과 같다.

　　[도승] ○ 승僧이 된 사람은 3개월 안에 선종 혹은 교종에 신고하여 불경을 외우는 송경誦經을 시험 보고 본조에 보고하면 왕에게 보고하여 정

전丁錢을 거두고 도첩度牒을 발급한다. ○ 선·교 양종은 매 3년마다 선시를 보인다. 선종은 『전등』傳燈·『염송』拈頌을, 교종은 『화엄경』華嚴經·『십지론』十地論을 시험 보여 각각 30인씩을 뽑는다. ○ 여러 사찰의 주지는 양종에서 두어 사람을 후보자로 천망하여 본조에 보고하면 이조吏曹에 공문을 보내어 최종 결정을 하여 뽑아 보내되 30개월이 되면 교체한다. 만일 죄를 범한 바가 있으면 양종이 본조에 보고하여 사실을 밝혀내어 죄를 다스린다. 범간犯奸한 자는 그를 추천한 중도 아울러 죄를 준다. ○ 주지가 교체될 때에는 사무를 인수인계한다. 파손되거나 잃어버린 물건이 있으면 징수하여 받아들인다.

명종 6년 11월, 도승법에 의거하여 선종에서 406명을 선발하여 예조에 보고하였다. 이는 1516년중종 11에 『경국대전』의 도승조가 삭제된 햇수로 따진다면 36년 만의 일이었고, 도승법이 1492년성종 23에 정지되었으니 실제 공식적으로 도승제가 시행된 것으로 본다면 60년 만의 경사였다. 당시 도승선시度僧選試는 도승조에 의거하여 『반야심경』般若心經·『금강경』金剛經·『살달타』薩怛陁를 외우는 송경 시험으로 하였는데, 예조에서는 그 시험의 진위를 의심하여 다시 치를 것을 진언하였다. 그러나 불경을 외우는 것은 유생들이 경을 외우는 것과는 다르다고 하여 윤허를 받지 못하자, 예조에서는 다시 부적격자를 가려낸다는 구실로 한 사람도 도첩을 발급하지 않았다. 한편 양종에서는 도승의 절차인 송경 시험을 계속 실시하여 명종 7년 1월에 이르러서는 경을 시험한 승려가 700여 명에 이르렀다. 그런데도 예조는 도승 시험에 예관의 참여와 도승 대상자의 신분이 불명확하다는 이유로 발급을 미루었다. 그러자 문정왕후는 도첩의 지급을 독촉하며 예조에 하문하였다.

도승법을 세운 지 벌써 1년이 되었는데 도첩을 준 자가 하나도 없다. 비록 중이기는 하지만 또한 백성을 기만하는 처사이다.

• 『명종실록』 권13, 7년 3월 갑오

결국 명종 7년 8월에 이르러서야 비로소 462명에게 처음으로 도첩을 발급하게 되었다. 당시 예조정랑이었던 이언경李彥憬이 선종판사인 보우대사와 함께 도승에 따른 시경을 하였는데, 같은 시험관인 대사를 무시하여 아랫자리에 앉게 하고, 시험에 임하여 경을 외우는 자가 혹 한 글자만 틀려도 매몰차게 내쫓아버리는 횡포를 부렸다. 그러자 이후로 도승을 하기 위한 시험에 승려들이 시험을 거부하여 한 명도 오지 않는 사태가 벌어졌다. 이 사태 이후 도승 시험은 다시 양종에서 관장하여 자체에서 시행하고 예조에 보고하도록 변경되었다. 또한 도승의 정원을 각 도별로 정하여 시행하게 하였다. 즉 국경에 인접한 지역은 군역의 문제로 많이 뽑을 수 없으므로 평안·함경도는 각 100명으로 정하고, 그밖에 전라·경상도는 각 500명, 황해·청홍도는 각 400명, 경기·강원도는 각 300명으로 정하여 총 2,600명으로 하였고, 이를 다시 양종으로 나누어 각 1,300명씩을 정원으로 하였다.

이와 같이 도승제는 척불론자들의 지속된 반대와 예조의 지나친 간섭에도 불구하고 자리를 잡아가 명종 8년 1월에는 양종의 시경승 정원 2,600명 중에 도첩을 발급받은 자가 2,580명에 이르게 되었다. 이로부터 9년이 경과된 명종 16년 11월 예조의 보고에 의하면 양종이 설립된 뒤로 도첩을 받은 자가 무려 5,000여 명이 된다고 언급하니, 승려 도승 정원인 2,600명의 한도는 지켜지지 않았으며, 오히려 2배에 가까운 인원에게 도첩이 발급되었음을 알 수 있다.

## 승과를 시행하여 대선들을 배출하다

이어 승려 과거제도도 부활되었다. 명종 7년 4월에 비로소 『경국대전』 도승법에 의거하여 봉은·봉선 양사에서 양종의 판사와 예조 정랑의 감독하에 승려 과거제도가 시행된 것이다. 승과는 예비시험인 초시와 본시험인 복시로 구분하여 시행되었는데, 초시의 경우 양종에서 각각 100명을 자체 선발하였으며, 초시 합격자들에게는 다시 이듬해에 실시되는 복시에 응시할 자격을 부여하였다. 그리고 복시 시험일은 날을 가려 정하였고, 시험관으로 예조의 정랑이 함께 참여하여 선발하였다.

첫 승과 시행에 대하여 『명종실록』에는 다음과 같이 기록하고 있다.

예조 정랑 양응태와 이언경을 봉선과 봉은 두 절에 보내어 중들을 시경하여, 선종 21인과 교종 12인을 뽑았는데, 정원에 전교하였다.

선과에 응시한 중들은 모두 경을 잘 욀 것인데, 지금 유사가 뽑은 것을 보니 그 숫자가 매우 적다. 삼분의 일도 뽑지 않은 것이 틀림없으니, 이와 같다면 도승의 일을 유사가 모두 헛되게 만드는 것이다.

• 『명종실록』 권 13, 7년 4월 갑자

양종의 승과는 각기 교종과 선종의 수사찰인 봉선사와 봉은사에서 거행되었고, 시관으로 파견된 예조의 정랑이 양종의 판사승 및 고승들과 함께 참여하여 시험하였다. 선발 인원은 『경국대전』의 도승조에 따르면 선종과 교종이 각기 30명씩 총 60명을 뽑도록 되어 있으나, 명종 7년에 부활된 첫 승과에서는 정원의 절반가량인 33인을 선발했을 뿐이었다. 이처럼 합격자가 응시자의 3분의 1에도 못 미치는 소수 인원만을 선발하자 당시 수렴청정을 하던 문정왕후는 매우 못마땅하게 생각하고 윤허하지 않았다. 이는 승과보다 며칠 앞서 시행되었던 과거에서 문과 36명과 무과 30명을 선발했던 것에 비추어 보면 정확히 절반에 해당하는 인원이었다.

『허응당집』에는 당시 복시가 처음 시행되고 급제자인 대선大選을 발표하던 날의 감회를 읊은 시 한 수가 다음과 같이 수록되어 있다.

> 예전에 일찍이 대선 있었다고 말은 들었지만
> 지금에 와 진정한 거동 볼 줄 어찌 헤아렸으랴.
> 하늘이 낳은 성스러운 왕후 발 드리우고 정치하는 날
> 하늘이 내린 밝은 임금 우주를 거느리니
> 순임금의 태양이 경탑의 밤을 다시 밝히고
> 요임금의 바람이 시든 법림을 다시 부채질하도다.
> 기대에 응한 현명하고 뛰어난 사람들 과거장으로 나서니
> 이름난 재상들 나란히 보며 기뻐도 하고 슬퍼도 하는구나.
> 古昔曾聞有大選　當今何計見眞儀
> 天生聖后垂簾日　岳降明君御宇時
> 舜日再明經塔夜　堯風重扇法林萎
> 應期賢俊逢場出　名相齊觀喜且悲
> •「대선의 방을 써 붙이는 날에 시를 써서 서른 명의 고사에게 보임」
> 大選放榜日 書示卅員高士,『허응당집』

이 시를 지은 시기는 기록되어 있지 않지만 '대선의 진정한 거동을 볼 줄 생각이나 했겠느냐'는 내용으로 보아 명종 7년에 실시된 첫 승과의 감회를 읊은 것임을 알 수 있다. 또한 시제에 '서른 명'이라고 언급한 것으로 보아 당시 선종의 승과에서만 30명의 대선 합격자가 있었음을 알 수 있다.

이로써 볼 때, 실록의 선종 21명과 교종 12명을 뽑았다는 기록은 승과 최종 급제자의 수가 아니며, 예조의 판단에 따라 우선 선발한 합격자의 수라 할 수 있다. 그런데 급제자의 수에 대하여 문정왕후가 못마땅하게 생각하자, 다시 정원대로 양종에서 각각 30명씩 총 60명을 선발하여 예조와 승정원의 논의를 거친 후에 최종 급제자를 발표하였던 것이다.

또한『허응당집』에는 당시 초시 시험장인 선불장選佛場의 모습을 전해주는「선종초시선불장방」禪宗初試選佛場榜이라는 글이 있다. 이 글에서 부정행위를 한 자에 대한 승과 응시 제한 규정에 관한 부분을 살펴보자.

첫째, 남의 글을 빌려 짓고 남의 손을 빌려 쓰는 자는 영원히 과거에 응시하는 자격을 정지시킨다.

둘째, 대리로 짓고 대리로 쓴 사람도 영원히 과거에 응시하는 자격을 정지시킨다.

셋째, 스스로 지은 것을 다른 사람의 손을 빌려 쓰는 자는 한 번 과거에 응시하는 자격을 정지시킨다.

위의 방을 선불장 앞에 내거니, 바라건대 여러분은 금지하는 명령을 준수하여 서로 속여서는 안 될 것이다. 혹 금지하는 법률의 구덩이에 떨어지게 된다면 후회한들 무슨 소용이 있겠는가? 그런 까닭에 여기에 분명히 표시하여 각자 알게 하였노라.

위의 부정 방지를 위한 초시의 준수사항은 일반 과거와 같은 용례를 적용하여 엄격하게 시행되었음을 보여준다. 이 처벌 조항들은 초시에 해당되는 것이나 본시험인 복시에서도 함께 적용되었을 것이다. 이처럼 승과에서 부정행위를 한 자에게는 응시자격을 박탈하거나 제한하였다.

초시의 출제 내용에 관해서 자세한 것을 알 수 없으나, 선종의 경우 복시에서 『전등록』과 『선문염송』을 치르므로 아마 초시에서도 대동소이한 범위와 내용의 예비시험 성격으로 치러졌을 것이다. 시험의 형태도 도승제처럼 경을 외우는 송경이 아닌 수준 높은 문제에 대하여 자신의 견해를 기술하는 형태로 치러졌으리라고 본다.

이와 같이 시행된 승과를 통하여 후대의 한국불교를 이끌 많은 거장들이 배출되었다. 서산대사 휴정休靜, 1520~1604은 부활되어 첫 번째로 시행된 승과명종 7년, 1552에서, 사명대사 유정惟政, 1544~1610은 네 번째 시행된 승과명종 16년, 1561에서 급제하였던 것이다. 아울러 부활된 도승제·승과제에 힘입어 사찰도 새로운 면모를 갖추게 되었다. 명종 7년 1월에는 사찰의 관리자인 지음持音과 주지가 있는 절이 99개 사찰에서 395개 사찰로 대폭 늘어났다. 전국의 사찰에 엄선된 주지와 지음이 임명되고 또한 지속적으로 도승과 승과가 실시되자 그간 침체되었던 교학과 선풍이 구름처럼 일어나 불교계는 일신되기 시작했다. 이로 인해 각 사찰에서는 승과를 준비하기 위한 경전 공부가 대단하였다.

『허응당집』에는 당시의 이러한 동향을 전해주는 시 한 수가 실려 있다.

전등록 공부하는 자리 위로하고자
외로운 지팡이 눈길 헤치고 왔네.
경 읽는 소리 하늘도 듣고 기뻐하는데
법어는 귀신이 듣고도 슬퍼하도다.
순임금의 태양이 금전에 밝고
요임금의 바람이 월대에 가득한데
어찌 알았으랴! 이 옛 절에서

지금처럼 많은 재사들 만나 볼 줄이야.

欲慰傳燈席　孤筇破雪來

經聲天聽悅　法語鬼聞哀

舜日明金殿　堯風滿月臺

寧知玆古寺　今見會多才

　•「청계사에 이르러 전등록을 배우는 사람들에게 보이다」到淸溪示傳
燈學者,『허응당집』


　명종 6년 12월에 지은 이 시는 당시 명년 봄에 처음 치러질 승과를 준비
하는 선종 승려들의 공부하는 모습을 전해준다. 역대 선종 조사들의 법계
와 어록이 실린『전등록』을 공부하는 열기가 전해진다. 이 같은 풍조는 비
단 청계사 한 곳뿐만이 아니라 조선 초기 불교의 암흑기를 헤치고 혜등을
이어온 고승들과 사찰을 중심으로 전국으로 확산되어 절마다 경을 외는
소리가 메아리쳤을 것이다.

　우리는 명종대에 실시된 승과에서 어떠한 고승들이 배출되었는지 자세
히 알 수 없다. 일반 과거의 급제자 명부인 문과 방목과 무과 방목 같은 자
료가 승과에는 전해지지 않기 때문에 당시 행적을 상고할 수 있는 극소수
의 고승들 정도만 누가 언제 실시된 승과에 합격했는지 알 수 있을 뿐이다.
그러나 다섯 차례에 걸쳐 실시된 승과에서 한 번에 양종에서 각각 30명씩
60명을 선발했다고 보면 대략 300명의 대선 급제자가 선발되었을 것으로
추정할 수 있다.

　문정왕후와 보우대사에 의해 다시 정비된 양종의 교단을 통해 배출된
수많은 인재, 그들로 인해 다시 새로워진 불교계는 이후에 전개되는 조선
후기 불교에서 독특한 가풍을 세우며 부처님의 법등을 이어가는 저력이

봉은사 선불당(選佛堂)의 현판.
『경국대전』도승법에 따라 봉은사와 봉선사에서 승과시험이 시행되었다.

되었음을 결코 부인할 수 없을 것이다.

## 지속되는 모함과 청평사 은퇴

양종이 복립되고 도승과 승과가 시행되어 불교계는 개혁의 바람을 맞아 일신하게 되었으나, 보우대사 한 개인에 대한 척불세력들의 모함은 갈수록 더욱 심화되었다.

명종 7년 9월에 이조판서 송세형宋世珩은 대사가 봉은사 기신재忌晨齋에 쓰는 임금의 방석을 가져다가 자기 방에서 쓰는 참람한 행위를 한다고 모함하였고, 심지어 8년 6월에는 승려인 일관一觀이라는 자가 보우대사를 헐뜯는 상소를 사헌부에 올리는 일까지 일어났다. 또 사헌부는 "선종판사 보우는 사찰의 주지를 차출할 때와 과거를 시행할 때에 뇌물을 많이 받고 제 마음대로 뽑거나 물리친다"라며 무고하였다.

뿐만 아니라 같은 해 9월, 경복궁에 큰불이 나서 강녕전·사정전·흠경각이 모두 불타고 조종조부터 전해오던 진귀한 보물과 서적 등이 모두 재가 되는 큰 화재사건이 발생하였다. 그때 성균관 생원들은 정궐이 불탄 것은 이교를 숭신하여 양종을 복립하였기 때문이라고 상소했다. 명종 9년 10월에는 선기仙氣라는 사이비 승려가 보우의 죄상을 알리는 소장을 들고 성균관에 들어가는 어처구니없는 변고까지 생길 정도였다. 그러나 문정왕후는 이같이 빗발치는 모략과 상소들을 모두 간사한 술책을 부리는 자들이 보우대사를 모함하고자 하여 헛된 말을 조작한 것이라고 일축해버리고, 대사의 중흥 불사를 계속 지원하였다.

명종 10년 4월에는 무뢰한 유생이 선왕의 능침사인 봉은사에 들어가 소란을 일으키는 사건이 일어났는데, 문정왕후는 그를 잡아 가두도록 명하였다. 『명종실록』은 당시 이 사건과 관련하여 유생을 벌하는 것은 온당치 못하다는 주장을 하며 보우대사에 대하여 다음과 같이 기록하고 있다.

보우는 하고 싶은 일이 있으면 반드시 언서를 바로 궁궐에 보냈으니, 누가 감히 무어라 말하지 못했다. 또 양종의 중들이 입을 바지나 버선을 모두 궁궐 내에서 만들어주었을 뿐 아니라 인수궁의 여승이 궁내에 들어올 적이면 대왕대비가 반드시 그와 자리를 같이하여 말하기를 "부처는 받들지 않을 수 없다"고 하였으니, 독실하게 높이고 받듦이 이러하였다. 임금도 사찰의 중들에 관한 일에는 또한 곡진히 보호하고 치우치게 비호했기 때문에 공경公卿에서부터 천한 백성에 이르기까지 높이 받들고 조심하여 공경하지 않는 이가 없었으나 이미 풍속이 이루어져서 사람들이 괴이하게 여기지 않았다.

(사신은 논한다) 아아, 나라가 망할 날이 얼마 남지 않았다. 대저 대궐에 아뢰는 일은 승정원承政院을 경유하지 않으면 모두 바르지 못한 길이어서 비록 대신이라 하더라도 마음대로 아뢰지 못하는 법인데, 중의 무리가 그 중간에 끼여 직접 대궐에 아뢰기를 기탄없이 했다. 중들을 위해 유생을 잡아다가 기필코 가두고서 죄를 다스리고 난 다음에야 그만두었으니 통탄스럽기 그지없다.
• 『명종실록』 권 18, 10년 4월 정해

여기에 언급된 내용들은 보우대사에 대한 모함 상소와 인물평 중 대표적인 것만을 추린 것으로, 이 기간 중 『명종실록』에 언급된 횟수는 매월 10여 차례 이상이다. 그러나 대사는 도저히 감당하기 힘든 자신에 대한 모함에 처해서도 항상 의연한 자세를 견지하고 있었다. 이는 다음 두 편의 시로 짐작할 수 있다.

마군·외도 연이어 일어나는 일 알 수 없어서
앉아서 헤아려 보니 우습기도 하고 또 슬프기도 하구나.
내 덕 없다고 참소한다면 하늘도 아마 받아들일 것이나
내 탐욕 많다고 헐뜯는다면 누가 감히 의심하리오.
대중 앞에 임함에는 옛 큰스님들보다 나을 것이 없지만
마음 수양하는 일 나름대로 옛 스님들 자취 뒤따를 수 있도다.
줄 끊어져 거문고 곡조 탈 수는 없지만
죽고 난 뒤에는 떳떳이 종자기種子期 있으리라 말할 수 있다네.

魔外連興事莫知　坐推堪笑又堪悲

讒吾寡德天應聽　訴我多貪孰敢疑

臨衆縱微蹤古彦　養心猶可踵前師

絶絃未得呈琴操　身後公言有子期

　•「병으로 누워 있는데 마군魔軍들이 나를 참소한다는 말을 듣고 억
지로 병든 몸으로 붓을 휘두름」病枕聞魔訴余强揮病筆,『허웅당집』


　어떤 벗이 바른 말로 보우대사에게 따지기를, "아무개 스님은 몹시도 요
망한 사람이라 스님을 선비들에게 참소하여 죽이고자 할 뿐이 아니거늘
스님께서는 바로 대응하고자 하는 마음이 없는 것은 무엇 때문입니까? 산
승들은 대사를, 도를 아는 스님이라 생각하고 있는데 도를 아시는 분이 이
렇게 해서 되겠습니까?" 하였다. 이에 대사는 율시 한 수를 읊어 그 손님에
게 보여주었다.

지금 스님 말씀 들어보니 서글퍼서

붓 휘둘러 억지로 한 줄의 시 지었노라.

구름이 푸르건 희건 하늘이 무슨 관계 있는가.

남들이 옳다 하든 그르다 하든 나는 알지 못하네.

거울은 먼지를 닦아내야 비로소 사물을 비추게 되고

마음은 생각을 떠난 곳으로 돌아가야 사사로움 없어지노라.

남들이야 미워하든 사랑하든 공空을 관하며 누워 있자니

원수진 빚쟁이는 원래 본문本門의 스승이라네.

今聽吾師語可悲　揮毫强作一聯詩

雲靑雲白天何管　人是人非我不知

鏡得磨塵方照物　心歸離　念便無私

任他憎愛觀空臥　寃債由來是本師

• 『허응당집』[5]


　계속되는 모함과 참소에도 흔들림 없는 대사의 텅 빈 마음을 엿볼 수 있다. 보우대사가 유생들의 지속적인 참소에도 의연히 대처할 수 있었던 것은 그가 진정으로 불교를 다시 일으킨다는 신념 외에 털끝만한 사심도 없었기 때문이다. 그는 스스로의 덕과 대중에 임하는 도량에는 옛 큰스님들보다 낫다고 자신할 수 없지만, 그래도 탐욕 없음과 수행함에는 어느 누구에게 비교해도 손색이 없음을 자신 있게 말하고 있다. 그리하여 스스로를 옛 거문고의 명수인 백아伯牙에 비유하고 지금 당장 자신의 거문고 소리를 들어 줄 종자기만 한 사람이 없어 거문고 줄을 끊어버렸지만 그래도 자신이 죽고 난 후세에는 자신을 알아줄 종자기가 있으리라 공언하고 있는 것이다.

보우대사가 다른 사람들의 애증을 초탈하여 자신을 지킬 수 있었던 것도 항상 부처님의 참된 진리를 관하고 있었기 때문이다. 그래서 그가 시에서 말하고 있는 것처럼 부처님께서도 정법을 펴느라 외도와 마군들로부터 온갖 고난을 다 겪으셨는데, 거기에 비한다면 지금 자신이 처한 상황쯤은 문제도 안 된다는 각오로 확고한 의지를 견지하며 불교를 중흥시킬 수 있었던 것이다.

『명종실록』 6년 6월 28일자 기사에 의하면, 당시 사헌부에서는 "구름이 푸르건 희건 하늘이 무슨 관계 있는가. 남들이 옳다 하든 그르다 하든 나는 알지 못하네"라는 위의 시구를 인용하면서, "보우는 조정에서 그의 죄를 논하고 있는데도 거만하고 방자하여 조금도 두려워하지 않았으며, 오히려 오만하여 못하는 말이 없었으니 한 시대를 멸시하고 조정을 내려다봄이 극도에 이르렀습니다"라고 상소하여 보우대사의 관직을 삭탈하고 봉은사에 발붙이지 못하도록 할 것을 아뢰고 있다.

양종의 복립과 도승·승과제를 시행하여 일단 불교를 중흥시킨 보우대사는 결국 명종 10년 9월에 병으로 선종판사와 봉은사 주지의 직책을 모두 사임하고 청평사淸平寺로 물러난다. 그는 봉은사 주지로 부임한 때부터 물러나기까지 불교를 일으키면서 조정과 유생들로부터 수많은 배척을 받기는 했지만, 그래도 불교를 중흥시킨 결과에 대해서는 만족하고 있었다.

팔 년 동안 거북 털 빗자루 높이 잡고
천 년 된 수월도량 물 뿌리고 쓸었노라.
기왓장 자갈돌을 금빛 세계로 변하게 하였으니
이제는 옛 선방에 돌아감이 마땅하니라.

八年高秉龜毛箒　洒掃千年水月場

瓦礫變成金色界　也宜歸去舊禪房


조서로 한강변에 선·교 일으켜

수많은 시비 가운데 팔 년 세월 보냈노라.

이름 이루었으니 어찌 새 인수 기뻐하랴.

병 깊어졌으니 마땅히 옛 임천으로 돌아가야지.

詔興禪敎漢江邊　萬是非中過八年

名遂豈憐新印綬　病成宜退舊林泉

• 「강물엔 가을 그림자 잠겨 있고 기러기는 추운 서리를 알려준다. 흥에 이끌려 향내나는 벽려에 노닐고 꿈은 연하세계 극치에 이르네. 지팡이 두드리며 돌아갈 즈음 게송 3수를 써서 대중에게 보이다」江涵秋影 雁報霜寒 引興脩彦 夢極烟霞 杖碌臨歸 書偈三首 以示大衆 - 乙卯九月十六日也 중에서, 『허웅당집』


이 시는 대사가 봉은사를 떠나기 전 대중들에게 남긴 시 가운데 일부분이다. 수많은 시비 속에서 선종판사의 생활을 보내긴 했지만 불교를 다시 일으켰으니 이제는 여한없이 다시 옛 산에 돌아가는 것이 마땅하다는 것이다.

그러나 한강을 거슬러 청평사로 가는 길에 읊은 시에서는 "산승 오늘에야 비로소 위기를 면했구나"라고 표현하고 있고, 청평사에 도착해서는 "청평에선 무슨 일이 가장 좋은가? 서울에서 먼 것이 가장 좋단다"라고 말해 배불세력들과 멀리 떨어져 시비를 벗어나고자 함이 병에 앞서 선종판사를 사임하고 은퇴하고자 했던 동기였음을 보여준다.

청평사에 도착한 보우대사는 그곳에서 유·불의 모든 시비를 떠나 청산과 함께 한가로움과 여흥을 즐기며 병을 조리하고 일생을 보내리라 결심하였다.

붉은 인끈 더디 푼 것이 안타깝고
푸른 산 늦게 만난 것이 한이로다.
紫綏嗟遲解　靑山恨晩逢

이미 유생과 불자의 헐뜯음 떠나니
어찌 시비의 공략 받겠는가.
旣離儒釋訴　那被是非攻

높은 경지 한가함은 관청도 빼앗지 못하고
그윽한 흥취 세상사람 품 팔아 얻기도 어렵네.
병든 몸 반드시 이 골짜기에서 조절하여
내 머리 마땅히 이 봉우리에서 하얗게 되리.
이 말이 만약 교묘하게 꾸민 말이라면
귀신도 곧 흉한 보복 내리리.
高閑官不奪　幽興世難傭
病必調玆壑　頭應白此峯
斯言如巧飾　神鬼卽垂凶

이 글은 『허응당집』의 「유청평사시 이십이운」遊淸平寺詩二十二韻 중 일부를 인용한 것이다. 과연 대사가 말한 대로 청평사 은퇴 후 약7년 동안은,

실록에 그를 참소하는 내용이 단 한 건도 보이지 않는다. 다른 시에서도 "청평에 머문 뒤 즐거움 절로 많아 한 해가 다 가도록 칭찬도 꾸지람도 없었네"라고 읊고 있다. 이 사실은 그가 불교를 일으킨 선두 자리에 있었기 때문에 배척과 모함을 당한 것이지, 결코 다른 이유에서가 아니라는 반증도 되는 것이다.

## 빛을 찾은 문화유산

조선조에 들어와 많은 불교문화재들이 제대로 유지되지 못하고 해외로 유출되거나 훼손되었다. 조선은 개국 초부터 명나라와 관계가 원만하지 못했는데, 태조는 조선의 승려들이 명나라로 가서 나라에 불리한 말을 하고 다닌다는 소문을 듣고 승려들의 명나라 출입을 금하였다. 반면, 불교를 독실하게 믿던 명나라의 황제는 불교의 박해로 국경을 넘어온 조선의 승려들을 사찰에 거처하도록 배려해주는 한편, 사신을 파견하여 조선이 불교를 숭상하지 않는다는 이유를 들어 조선의 불상과 사리들을 가져가기도 하였다.

불교를 숭상하던 명나라는 외교관계를 통해서 1,000여 년간 선조들이 이룩한 조선의 많은 불교문화재를 빼앗아갔다. 태종 6년에는 조선에 온 명나라 사신 황엄黃儼 등이 제주 법화사法華寺의 아미타불 삼존상이 원나라 기술자들에 의해 조성된 것이라고 주장하며 자신이 제주에 가서 불상을 모셔가겠다고 하는 일이 일어났다. 태종은 명제가 사신을 보내 제주의 정세를 탐지하려는 목적이 아닐까 의심하고는 신하들을 제주에 급파하였다. 그러고는 배로 17일간이나 걸려 가져온 삼존불을 결국 명나라로 보냈다.

이듬해에도 명제는 황엄 등을 다시 조선에 보내 불사리를 달라고 하여 303과를 받아갔으며, 돌아가는 길에 개성에 있는 광리사廣利寺에 들러 관음불상까지 가져가는 등 각종 불교문화재들을 공식적으로 요구하여 가져 갔다. 그후 태종 11년에는 불경 인쇄에 필요하다고 하여 종이 1만 장을 요 구하여 가져갔으며, 세종 원년에 다시 명제는 불경을 인쇄할 종이 2만 장 을 요구하여 그중 1만 장을 가져갔다. 또한 거듭 사리를 요구하여 각 도 사 찰에서 모은 558과의 사리를 헌상하였다. 그중에는 신라 자장율사가 문수 보살로부터 받았다는 진신사리도 포함되어 있었다.

이처럼 명제가 지속적으로 불상·사리·종이 등 불교 관련 문물을 요구 함에 따라 불교를 배척하던 조선 왕실은 이들의 요구에 응하지 않을 수 없 었고, 이로 인해서 당시 우리의 귀중한 불교유산이 명나라로 대거 유출되 는 애석한 결과를 초래하였다. 일본도 사신을 보내 우리의 대장경과 범종 을 요구하였는데, 조선은 그들의 요구에도 응하여 다양한 형태의 불교 관 련 문화유산들을 내주고 말았다.

이렇게 유출된 것 외에도 국가의 탄압으로 인하여 문화재들이 훼손된 사례는 앞서 언급하였듯이 성종·연산군·중종 시대의 척불기를 거치며 일일이 열거할 수 없을 정도로 무수히 많았다. 하다못해 양종이 다시 일어 나고 보우대사가 선종판사로 있던 명종 7년1552에도 불상을 만든 장인에 게 형벌을 가해 죽이는 사건까지 일어났으며, 명종 10년1555에 을묘왜변 乙卯倭變이 일어나자 사찰의 범종으로 총통을 주조해야 한다는 논의가 조 정에서 연일 거론되었고, 동으로 만든 절의 그릇들을 거두어가는 사태까 지 벌어지는 등 불교 성보들을 훼손하는 갖가지 작태가 난무하였다.

사실 우리나라의 범종은 세계에 자랑할 만한 문화유산이다. 일명 에밀 레종 또는 봉덕사종으로 우리에게 잘 알려진 성덕대왕신종의 경우만 보 더라도 범종을 만들던 선조들의 과학적인 장인정신을 잘 보여주고 있다. 현재 국립경주박물관 경내에 있는 이 종은 우리나라에 현존하는 동종銅鐘

중에 가장 큰 것으로 상원사종과 더불어 통일신라시대 범종을 대표한다. 최근 조사에 따르면 우리나라 범종에만 있는 음관은 종을 울릴 때 종 안의 고음만을 밖으로 제거하여 사람들의 심금을 울리며 가장 멀리 퍼지는 파장 5미터의 64메가헤르츠 음을 유지하도록 하는 과학적인 기능을 가지고 있다고 한다. 또 신라 경덕왕에서 혜공왕에 이르기까지 34년이나 걸려 이루어진 성덕대왕신종은 조사 결과, 현대의 금속기술로도 그와 같은 종은 만들 수 없다고 하니 선조들의 과학적 장인정신과 문화유산의 가치를 우리는 새롭게 인식하여야 할 것이다.

보우대사는 봉은사 주지와 선종판사를 맡고 나서 지속적으로 여러 사찰들을 중수하였다. 봉은사부터 선종을 대표하는 사찰로서 손색이 없도록 하기 위해서 중수를 시작하였다.

『나암잡저』의 「복령사 사성중수기」福靈寺 四聖重修記에 따르면 송도에 있는 복령사에는 중국으로부터 가져와 모신 16나한羅漢의 상이 있었던 모양이다. 그런데 불교 억압이 지속되자 오랫동안 향불을 피우지 못해 먼지에 덮여 빛을 잃고 있었다. 보우대사는 16나한의 상들을 봉은사로 옮겨와 기존의 석가상과 미륵보살과 아미타불, 그리고 여러 법제자들을 아울러 함께 보수하게 하고 좋은 날을 가려 점안법회點眼法會를 열어 왕실과 나라의 안녕을 기원하였다.

보우대사는 조선 초기 척불로 인해 퇴락한 사찰과 성보에 대한 불사를 차근차근 진행하였고, 선종판사에서 물러나 청평사에 머물 때에도 퇴락한 사찰을 중창하는 데 심혈을 기울였다. 명종 10년 가을에 청평사로 물러난 그는 명종 12년 봄에 문정왕후의 교지를 받들어 여러 요사채를 새롭게 수리하였다.

대사가 청평사에 도착해 보니 신라시대에 창건된 고찰인 청평사의 불상

성덕대왕신종(국보 제29호). 현존하는 우리나라 최대의 동종으로
일명 에밀레종이라고도 한다. 신라 성덕왕의 공덕을 기리고 종소리를 통해
나라의 평화와 민중의 복락을 기원하는 명문이 새겨져 있다.
국립경주박물관 소장.

엔 먼지가 쌓였을 뿐 아니라 좀이 먹어 정수리의 상투와 얼굴의 도금이 벗겨져 남루해 보기가 민망할 정도였다. 전각의 대들보와 서까래는 굽고 주춧돌과 기둥은 기울어 퇴락한 모습은 불교의 현실이 어떤가를 말해주었다. 대사는 먼저 낡고 기운 사찰의 전각과 불상들을 수리하고 단청하여 새롭게 단장하였다. 하지만 모두를 다 새롭게 하지는 못하여 능인보전能仁寶殿만은 그대로 둔 채 겨우 서까래만 갈았다고 한다.

보우대사는 이 일을 「청평사중창기」에서 "삼베실로 비단옷을 기운 격이지만 공으로 말하자면 돌을 갈아 하늘을 기운 셈이다"라고 표현하고 있으니, 그 중창불사가 얼마나 힘들었는지를 짐작할 수 있다.

청평사를 중수하는 과정에서 대사는 버려졌던 탱화 두 점을 찾아 다시 중수하여 복원하고 빛을 찾게 만들었다. 탱화 하면 고려의 탱화를 으뜸으로 친다. 불화 중에 가장 훌륭한 고려시대의 불화는 아직도 그 안료의 제작 비법이 신비에 가려져 있다. 빛이 부서지는 듯한 고려 불화의 광채는 보는 이로 하여금 홀연히 부처의 세계로 들게 하는 신비한 영력을 지니고 있는데, 임진왜란과 일제 강점기에 일본인들이 대부분 훔쳐가 현재 세계적으로 남아 있다고 추산되는 고려 불화 160여 점 중 우리나라에 있는 것은 고작 10여 점 정도이다.

당시 청평사의 중창 불사를 위해 단청을 감독하러 온 화가가 법당 탁자 밑에 처박혀 있던 탱화 두 점을 발견하였다. 하나는 고려 공민왕이 직접 그린 제석천의 모습을 형상화한 제석 탱화이고, 다른 하나는 중종조에 승지를 지낸 유공庾公이 그린 아미타불 탱화였다. 이 두 점은 모두 당대 최고의 신필들이 그린 불화였는데 절이 비고 안목 있는 자들이 없어 불좌 밑에 버려져 거의 못쓰게 훼손되었던 것이다.

보우대사가 묘사한 공민왕의 제석 탱화의 모습은 이러했다.

삼십삼천三十三天의 모습은 마치 구름 속의 가을 달을 방불케 하고, 온갖 복을 장엄한 사이에 아른거림은 마치 안개 속에 보배로 만든 산처럼 어렴풋하였다. 이에 구름도 기뻐하고 물도 좋아하여 승속僧俗이 어우러져 기뻐하였다. 그리하여 누구든지 보거나 듣는 이들은 모두 공경하는 마음을 내지 않음이 없었으니 참으로 고금에 보기 드문 훌륭한 인연이었다.

또한 일본 광명사光明寺에는 「지장시왕도」가 소장되어 전하는데, 탱화의 화기畵記에 의하면 보우대사가 청평사에 주석할 당시 왕실의 만수무강을 기원하기 위하여 제작하였다고 한다. 『나암잡저』에는 당시 문정왕후가 대사에게 명하여 청평사에서 지장시왕 예수재預修齋를 베풀게 하였다는 기록이 있는데, 이 탱화가 바로 당시에 예수재를 베풀기 위하여 제작된 것이었다.

본래 지장보살은 도리천에서 석가여래의 부촉을 받고 매일 아침 선정에 들어 중생의 근기를 관찰하며, 석존이 입멸한 뒤부터 미륵불이 출현할 때까지 몸을 육도에 나타내어 천상에서 지옥까지 일체 중생을 교화하는 대자대비한 보살이다. 그리고 시왕은 지옥에서 죄의 경중을 정하는 10명의 왕으로, 사람이 죽으면 그날부터 49일까지는 7일마다, 그 뒤에는 백일·소상·대상 때에 차례로 각 왕에게 생전에 지은 선악의 업을 심판받는다고 한다.

예수재는 죽은 후에 행할 불사를 생전에 미리 닦는 재로, 죽기 전에 미리 삼칠일三七日 동안 등을 켜고 스님네를 청하여 경전을 읽고 복업을 지으면 한량없는 복을 얻으며 소원대로 과보를 얻는다고 경전에 설해져 있다. 명종조 왕실의 예수재를 위하여 제작된 지장시왕 탱화가 바로 일본 광명사

현재 일본 히로시마 현 광명사(光明寺)에 소장되어 전하고 있는
청평사 「지장시왕도」(1562). 보우대사가 청평사에 주석할 당시
왕실의 만수무강을 기원하기 위해 제작했다고 한다.

에 있는 것이다.

일본 도쿠가와 미술관德川美術館과 용승원龍乘院, 보수원寶壽院에도 조선 명종대의 「약사삼존도」가 소장되어 있다. 주존은 약사여래로 방형 연화좌에 결가부좌한 모습이고, 그 좌우에 일광보살과 월광보살이 협시로 되어 있으며, 그 하단에 청평산인淸平山人 나암懶庵, 즉 보우대사가 쓴 발문이 기록되어 있다.

가정 을축년(1565) 정월에 우리성열 인명대왕대비 전하께서는 주상 전하가 만년토록 장수하시고, 은나라 탕왕이 그물망을 터두었던 것 보다 더 어질며, 노끈을 묶어 다스렸던 태평성대를 따라 다스리며, 자손들은 번창하고 인후한 공자 태어나시기를 바라옵니다. 왕비전하께서는 생지를 잉태하여 하늘이 내신 왕손을 생산하기를 기원하면서 공손히 왕실의 보배를 내어 훌륭한 화가에게 명하여 석가불, 미륵불, 약사불, 아미타불을 모든 보처보살을 갖추어 각각 금화 오십, 채색화 오십, 모두 아울러 사백 탱화를 장엄하게 만들어 삼가 회암사를 중수하는 기쁜 자리에서 법에 따라 점안하옵니다. 모름지기 여러 도인들로 하여금 조석으로 예경하여 항상 화주 사람들이 요임금을 축원한 것 같이 절집의 의무로 삼아 불충의 구덩이에 빠지지 않게 하겠습니다. 성덕은 바다와 같으니 표주박으로 저 드넓은 바다를 어찌 잴 수 있겠습니까? 청평산인 나암 삼가 발문을 씁니다.

嘉靖乙丑正月日 惟我聖烈 仁明大王大妃殿下 爲主上殿下聖躬萬歲 仁蹻解網 治踵結繩 螽羽蟄蟄 麟趾振振 王妃殿下頂娠生知 脇誕天縱 恭損帑寶 爰命良工 釋迦彌勒藥師彌陀 皆補處俱 各金畵五十 彩畵五十 幷 四百幀 莊嚴畢修 謹當檜岩重修慶席 依法點眼 須諸道人 使之禮敬於朝

왼쪽 | 국립중앙박물관 소장
회암사 「약사삼존도」(1565).
명종 20년 회암사를 중수하면서
문정왕후의 발원과 보우대사의 주도로
조성된 400탱 가운데 하나이다.
비단에 금선(金線)과 금채(金彩)로
섬세하게 묘사하였다.

아래쪽 | 일본 도쿠가와 미술관 소장
회암사 「약사삼존도」(부분). 하단에
보우대사의 친필 화기(畵記)가 남아 있다.

夕 常以華封之祝堯 爲山家務 免墮不忠之抗 其聖德化海 可勝蠡測 於戱
至歟 淸平山人懶庵謹跋

• 도쿠가와 미술관 소장,「약사삼존도 화기」

발문에 따르면 명종 20년1565에 왕실과 나라의 안녕을 기원하기 위하
여 석가여래 · 미륵불 · 약사여래 · 아미타불의 탱화를 금화로 각 50탱, 채
색화로 각 50탱씩 총 400탱을 만들어 회암사 중수의 낙성 시에 점안공양
點眼供養 하였다고 한다. 그 400탱 중에 약사여래 탱화 3점이 일본에 남아
있는 것이다. 다행히 우리나라 중앙박물관에서도「약사삼존도」1점을 소
장하고 있다. 또한 당시 함께 제작된「석가삼존도」2점은 미국 버크컬렉션
Burke Collection과 일본 강선사江善寺에 소장되어 있다.

우리나라에 있는 것은 화기가 온전하지 못하여 일부는 판독되지 않으나
남은 부분이 일본에 남아 있는 것과 같아 함께 제작된 것임을 알 수 있다.
당시 제작된 400점의 탱화는 회암사 한 곳에만 봉안된 것이 아니라 아마
도 전국 각 명찰에 보내져 봉안되었으리라 생각된다. 그러나 애석하게도
현재까지 이 6점 외에는 찾아볼 수가 없다. 이 탱화들은 당시의 불교신앙
형태를 알 수 있는 귀중한 자료들이다.

이밖에도 보우대사는 화재를 입은 묘향산 보현사를 중창하는 권선문을
지어 여러 사람에게 보시를 청하기도 하고, 회암사 등 여러 사찰을 중수
하여 척불로 인해 퇴락한 불교문화재들이 다시 빛을 찾게 하는 데 진력
하였다.

문화사적 입장에서 볼 때에 새로운 형태의 문화 창조도 매우 중요하지
만 그보다 먼저 선대 문화유산의 보존이 우선되어야 한다. 문화 창조는 문
화유산의 보존과 계승을 통해서 가능한 것이며, 이를 바탕으로 할 때 한 차

원 높은 수준의 새로운 문화가 잉태될 수 있다. 이러한 점에서 조선조에 들어서서 배불로 인해 신라와 고려조에서 이룩한 훌륭한 우리의 불교문화유산이 잘 보존·계승되지 못한 점은 참으로 안타까운 일이 아닐 수 없다. 어쩌면 조선조 일대를 통해서 새로 창조된 문화보다 말살된 문화유산이 훨씬 더 많을지도 모른다. 그러나 극심한 배불의 역사 속에서도 조선조의 불교문화는 신라나 고려조와 비교할 때 앞선다고 할 수는 없지만 적지 않은 문화유산을 우리에게 안겨주고 있다.

조선조 건립된 사찰에는 태조대에 창건된 흥천사와 흥복사가 있고 세조대에 세워진 대원각사 등 국가 차원에서 세워진 웅장한 규모의 사찰이 있었지만, 조선 초기 건립된 사찰들은 대부분 척불정책에 의해 헐리거나 전란 중에 불에 타서 현존하는 것이 없는 실정이다. 석탑으로 현존하는 것은 옛 원각사 자리인 서울의 종로 3가 탑골공원에 위치한 대리석탑이 있다. 이 탑은 3층의 기단과 10층의 탑신으로 이루어져 있으며 탑의 사방에 조각된 13회의 변상도는 그 기법이 뛰어난 것으로 당시의 불교 공예문화를 대표하는 것이라 하겠다.

이밖에도 원각사를 창건할 때 동 5만 근으로 주조된 대종과 백옥으로 조성된 불상을 봉안하였으나 연산·중종대의 불교 사태로 인하여 그 자취조차 찾을 수가 없으니 안타까운 일이다. 목탑으로는 흥천사에 5층 사리각이 태조대에 세워졌으나 이 역시 중종대에 불타버려 현존하지 않는다. 우리나라 유일의 현존 목조탑인 법주사 팔상전은 본래 신라대에 건립된 것으로, 임진왜란 때 소실된 것을 선조대에 사명 유정이 중건한 것이다.

이처럼 조선 일대를 통하여 척불과 전란 등으로 많은 사찰과 불교 문화유산이 훼손 또는 철폐되거나 소실되는 등 그 손실은 이루 말할 수 없었으나 반면 간간이 전국 대사찰의 문화유산은 왕실과 승려의 자구 노력에 의해 보수되거나 중수되기도 하였다. 불교문화를 찬란하게 꽃피웠던 중국의 경우도, 문화혁명으로 인해 수많은 불교문화재들이 훼손되었다고 하니, 문화는 말살시키기는 쉬워도 재건하기란 거의 불가능한 것임을 우리에게 단적으로 시사하고 있다.

조선조 불교문화는 겉으로 크게 드러난 것은 없지만 전대의 불교문화를 완전히 단절하지는 않았으며 나름대로 명맥을 잇고 적지 않은 유산을 남겼음을 볼 수 있다.

아직도 우리가 찾아야 할 유·무형의 문화유산은 산재해 있다. 이 같은 선대의 문화 흔적을 찾아 복원하고 연구하여 계승·발전시켜가는 것이 후손된 우리의 사명이 아닐까 생각해 본다.

## 변함없는 애국과 충성심

명종 10년에 왜구들이 70여 척의 선박을 이끌고 남해안의 달량포達梁浦에 침입하는 사건인 을묘왜변이 일어났다. 왜구들은 장흥, 영암, 강진 일대를 횡행하며 약탈과 노략질을 일삼았다. 당시 보우대사는 왜구가 침입하였다는 소식을 듣고 놀라 그때부터 음식을 먹을 수 없어 마침내 깊은 병이 되었다고 적고 있다. 출가의 몸이라 병사들처럼 나가 그들을 맞아 싸우지는 못하지만 뜻하지 않은 왜구들의 침략으로 우리 백성들이 상하고 재물을 약탈당하니 그 아픔을 억누를 길 없어 밥술을 들 수 없었던 것이다.

비록 출가한 승려의 몸이지만 나라 사랑하는 마음은 그 누구에게도 뒤지지 않았던 대사였다. 이러한 애국·충군의 정신은 후일 임진왜란을 당해 목숨을 바치며 구국에 앞장선 승군 활동의 정신적 지주가 되었으리라.

계율 지키는 몸이라 비록 방패와 창 짊어지지 못했지만

하늘을 가로지를 충성과 분노 어찌할 수 없도다.

밝은 세상에 어찌 저런 변이 생길 줄 알았던가.

태평세월에 문득 무리 지은 왜구 일어남이 이상하다.

스스로 신통한 무술 없으니 어찌 능히 왜구를 막을 수 있겠으며

어찌 고승 있다고 마군 겁내는 마음 풀리게 할 수 있겠나.

참담한 빈 산에 장맛비 내리는데

시름겨운 생각이 문득 큰 병 된지도 몰랐네.

律身雖未負干戈　忠憤橫天不奈何

昭代豈期生彼變　太平還怪起群倭

自無神武能防寇　那有高僧解愓魔

慘淡空山霖雨裏　不知愁思便成痾

•「왜변 소식을 들은 후부터 놀라 음식을 먹을 수 없어 마침내 깊은 병이 됨」自聞倭變驚不飮食 遂成沈痼,『허응당집』

대사는 항상 자신의 처지보다 나라와 백성과 임금과 불교를 먼저 생각하였다. 온 세상이 흰 눈에 파묻히고 한겨울의 추위에 얼어붙어 마실 물도 없고 새조차 굶주려 날지 못하였던 혹한이었다. 자신은 깊은 산 암자에 목 움츠리고 떨고 있으면서도 변방을 지키는 병사가 겪을 고통에 추위도 잊는 그의 모습에서 우리는 진정한 애국애민의 자비심을 느낄 수 있다.

밤사이 병든 몸 몹시도 추워 소름 돋더니

새벽에 일어나 창문 열어 보았더니 내린 눈 처마를 에워쌌네.

절 찾는 손님은 은세계로 돌아가고

집에 돌아가는 사람 옥화촌으로 향하네.

작은 개울물 길어오려니 얼음 얼어 물은 없고
굶주린 새 날고자 하나 얼어붙어 날지 못하네.
목 움츠리면서도 스스로의 고통은 모르고
도리어 국경 변방에서 밤새 진지 지키는 병사 가련한 생각이 드네.
夜來病骨寒生栗　晨起開窓雪擁軒
尋寺客歸銀色界　還家人向玉花村
殘溪欲汲氷無水　飢鳥思飛凍未飜
縮頸不曾知自苦　却憐邊塞夜兵屯

 • 「눈 내리는 아침 손님을 보내면서」雪朝送客仍成一律, 『허응당집』


　행동하는 불교도이자 애국애족의 민족주의자이던 보우대사의 사상과
행적은 당시 침체되어 있던 승가에 새 바람을 불러일으켰고, 이후 국난을
당해서는 좌시하지 않고 목숨을 바쳐서라도 나라와 민족을 구한다는 투철
한 애국애민의 정신으로 승화되었다.
　다음은 『허응당집』의 「산거잡영」山居雜咏 중 일부이다.


　누가 알랴! 병든 나그네 허공 밖을 관觀하며
　한 점 외로운 등불 앞에서 나라 위해 비는 마음을.
　誰知病客觀空外　一點孤燈祝聖朝


　불문佛門에 들어온 뒤로
　인간세상의 시비는 모두 잊었노라.
　오직 변함없는 충성은 있어
　임금님 축수하는 향로 위엔 꼬불꼬불 연기 피어오르네.

自從入此空門後　忘却人間是與非

惟有忠誠曾不革　祝君爐上篆煙飛


아침에는 우리 임금, 요순堯舜 같이 되시라고 향불 사르고

저녁엔 우리 신하, 부열傅說·이윤伊尹 같으라고 등불 밝히네.

이웃 늙은이 산중 절 일 알지 못하고

무엇 때문에 이런 고생하느냐고 말한다네.

朝焚使主齊堯舜　夕點令臣等傅伊

隣老不知山寺業　爲言何事若如斯

• 「산거잡영」山居雜咏 중에서, 『허응당집』


　나라에서는 불교를 탄압하였으나 사찰의 스님들은 이처럼 나라와 조정
을 위해 아침저녁으로 축수祝壽하였다. 보우대사에게 나라를 사랑하고 임
금에게 충성을 다하는 것은 아침저녁으로 불전과 하늘에 향 사르며 기도
하는 일이었다. 청평사에 물러나 있으면서도 비가 오건 눈이 오건 혹은 몸
이 병으로 불편하여도, 단 하루도 나라와 임금을 위해 몸소 천단天壇, 하늘
에 기원하기 위해 설치한 단에 올라 축수하는 정성을 거르지 않았다.

　그러던 어느 날 풍병에 걸린 대사의 몸은 정상이 아니었다. 시봉하는 스
님들은 대사께서 병이 걸린 데에 세 가지 이유를 들었는데, 하나는 거처하
는 방장실이 얕고 좁아서 음기가 쌓였고, 두 번째는 천단에서 축수 드리는
일로 공중의 산바람이 몸속에 침범하였으며, 또 다른 하나는 금년의 운수
가 험해서 악한 별이 틈을 타고 몸에 침투했다는 것이다.

　그들은 걱정하며 정수리에 뜸질을 해보라고 청하기도 하고, 혹 약을 권
하기도 하였으며, 또 영험 있는 산신당에 기도드려서 몸이 가볍고 편안해

지기를 구하라고 권하였다. 그러자 보우대사는 웃으며 "임금님 축수 드려서 곧바로 끝내 죽음을 당한다 하더라도, 어떻게 내 몸 오래 살기 구하려고 산신령 사당에 아첨할 수 있겠는가? 나의 기도 오늘에 비롯된 것 아닌데, 여러 스님에게 부질없는 의문 일으키게 한 것이 부끄럽도다"라고 답하고 있다. 자신의 몸을 위해서는 산신령에게조차도 아첨하여 빌지는 않겠다는 그의 충성심의 표현이다.

보우대사가 청평사에서 나라와 왕실을 위하여 기도하는 모습을 다음 시에서도 읽을 수 있다.

오경에 구름 맑고 달빛 차가우면
지팡이 하나 짚신 두 짝으로 천단에 올라
성상星象에 절하며 끝없이 축수하고 또 축수하느라
축축한 산기운 의관 적시는 줄도 모르네.
五更雲淨月色冷　一杖雙履登天壇
禮象三三祝復祝　不知空翠沾衣冠
　•「청평잡영」淸平雜咏,『허응당집』

하늘이 주신 충성 스스로 잊지를 못해
임금 위해 성상에 절하는 천단의 달밤.
마음 가라앉혀 말없이 기도하니 하늘이 밝게 굽어보시어
공손한 마음 눈 위에 서서 추운 줄도 모르네.
天賦忠誠不自忘　爲君禮象天壇月
潛心默禱俯臨昭　跟踏不知寒立雪
　•「천단에서 축수함」天壇祝釐,『허응당집』

새벽 4시, 차가운 산기운이 남아 뼛속까지 시리게 스며오지만 병약한 몸을 이끌고 청평산에 올라 천단에서 새벽 산 이슬에 옷이 흠뻑 젖는 줄도 모르고 나라의 태평함과 임금에 대한 축수를 하고 세자의 탄생을 비는 기도를 끝없이 올리는 대사의 모습을 상상해보자. 한겨울 새벽 눈 위에 서서 축수하며 추운 줄도 몰랐다 하니 그의 지극한 애국·충군 정신이 어떠했는가를 알 수 있다. 보우대사는 자신의 충성심을 "아마도 백골이 재가 되어 비로소 충성스런 마음이 풀리리라"고 말하고 있으니 그 정도를 가히 짐작할 만하다. 대사의 충성심은 '충'忠과 '성'誠이라는 글자의 뜻 그대로, 하늘의 천명을 받은 그대로 실천하는 것이어서 조금도 억지로 한 행동이 아니었다. 그 마음에서 저절로 우러나옴을 어찌할 수 없었다고 하니 나라와 임금을 위하는 마음은 가히 절대적이었다고 하겠다.

이와 같은 마음은 바로 임금을 여래로 보는 사상의 발로이다. 보우대사는 여래의 중생을 위하는 소원과 임금이 백성을 위하는 행동이 근본적으로 하나임을 다음과 같이 말하고 있다.


부처의 원은 오로지 중생을 제도함에 있다. 여래의 원으로 성열의 정을 생각한다면, 그 정과 원은 애당초 다름이 없고, 성열의 행과 여래의 일을 비교한다면 그 행과 일은 일찍이 같지 않음이 없으니, 여래가 곧 성열이요 성열이 곧 여래로서, 여래는 과거의 성열이요 성열은 곧 현재의 여래이다. 그리하여 고금이 서로 부합하고 원근이 서로 비추니 그야말로 세상을 보호하려는 큰 서원을 마쳤다고 할 수 있다. 아아, 뒷날 나라에 충성하는 사람들은 마땅히 성열의 마음을 제 마음으로 삼는다면 나라를 보호하는 일을 거의 이룰 수 있을 것이다.
•「사경발」寫經跋 중에서,『나암잡저』

임금이 백성을 생각하는 정과 여래가 중생을 구제하려는 원이 다름이 없고, 하는 행과 일이 하나이니, 여래와 임금에 차별이 없다. 여래의 중생 구제와 임금의 백성사랑이 서로 화합하여 세상을 보호하니 그곳이 바로 훌륭하게 다스려지는 세상이요 불국정토이다. 보우대사의 충군정신의 근본은 이와 같이 임금을 여래와 하나로 보고 받드는 불군일치佛君一致사상에 있었다. 그의 이러한 여래사상에 대하여 당시 극심한 불교 탄압의 상황에서 불교를 일으키기 위해서 세속적인 권력에 의지하여 불교를 예속시켰으며, 유교적인 불교, 국가주의적인 불교를 지향하였다는 일부의 시각도 있으나, 이는 불교의 근본 가르침과 보우대사의 사상을 바로 보지 못하기 때문에 생기는 망견이다. 대사는 백성을 진정으로 생각하며 아끼는 인군仁君의 마음이 바로 중생을 생각하는 여래의 자비로운 마음이니, 그 마음으로 자기 마음을 삼는다면 애국하고 충성하는 일이 부처의 원을 실천하는 것과 다르지 않음을 후인들에게 가르쳐주고 있는 것이다.

# 5 하나의 철학

선과 교가 근원이 같아 오직 한 맛뿐인데
부디 심식을 가져 달고 씀을 분별 말라.
만일 물결을 따라 그대로 좇아가면
남에게 다시 나루터 물음을 면치 못하리.

## 선과 교는 하나

'선'禪이라는 말을 들으면 곧 불교를 떠올린다. 선은 불교의 대명사라고 인식될 정도로 친숙해져 있다. '선'은 팔리어인 자나jhāna에서 끝의 모음이 탈락하여 잔jhān이라 발음되는 말을 그대로 한자로 옮긴 것으로, 이에 상당하는 산스크리트어는 댜나dhyāna이다. 이는 명상이나 정신 집중을 뜻하기 때문에 이러한 의미를 한자로 번역하여 정定이라 하고, 그 의미를 더 분명히 하기 위하여 선정禪定이라고도 한다.

선의 전통은 인도에서 비롯되었는데, 더 나아가서는 불교 이전까지 거슬러 올라간다. 인도에서는 일찍이 명상하는 수행법이 유행하였는데, 부처님이 그것을 불교에 수용하여 누구나 행할 수 있는 수행법으로 개발했던 것이다.

또한 선을 말할 때면 으레 달마대사를 연상한다. 중국의 선은 달마대사, 즉 보리달마菩提達磨로부터 비롯되는데, 그는 중국 선종의 개조이다. 하지만 선종의 역사적 계보를 부처님으로부터 따지면 보리달마는 제28대 조사가 된다. 보리달마는 실존 인물로서 남인도에서 해로를 통해 520년에 중국에 도착했다고 전해진다. 그는 양무제梁武帝를 만나 확연히 거룩한 진리가 없다廓然無聖는 말을 남기고 소림사에서 9년 동안 절 뒤의 가파른 벽만을 바라보고 수도하였는데, 제2조인 혜가慧可에게 법을 전수한 후 홀연히 종적을 감추어 이후의 행적이 전해지지 않는다. 보리달마로부터 비롯된 선의 계보는 많은 선사들이 배출됨에 따라 복잡하게 얽히고, 이들의 다양한 입장에 따라 여러 종파가 난립하게 되었다.

달마가 중국으로 건너온 뒤부터 중국에서는 기존의 선정에 대한 관념과 수행이 변했다. 초기 선은 논리적 경향이 강했지만 곧 초논리적 경향으로 바뀌었다. 이 경향은 제6조인 혜능慧能에 이르러 두드러지게 나타났다. 이

선종의 개조인 달마대사는 남인도인으로 520년 중국으로 건너왔다.
부처님의 심적 가르침에 들어가는 방법으로 선(禪)을 가르쳤기 때문에
그의 일파를 선종이라 한다.
김명국,『달마도』, 국립중앙박물관 소장.

후 조사선祖師禪이 유행하면서 인도로부터 전래된 경전보다는 가까운 조사의 언행을 중시하고, 그것이 일종의 공식 문서와 같은 것이 됨으로써 공안公案, 즉 화두話頭라는 것이 생겨났다. 조사선은 여러 분파가 난립하였는데, 그중 임제종臨濟宗과 조동종曹洞宗이 가장 융성하였다. 우리나라의 조계종曹溪宗은 제6조 혜능의 선을 이은 종파로, 조선시대 이후 중국 임제종 계통의 간화선看話禪을 주류로 하고 있다.

흔히 선종에서 중시하는 명제인 "불립문자不立文字, 교외별전教外別傳, 직지인심直指人心, 견성성불見性成佛"은 선종의 근본 기치이다. 불립문자는 문자를 빌리지 않고 문자에 의존하지 않는다는 의미이지만 문자를 사용하지 않는다는 것이 아니다. 문자에 집착하지 않으며 보편적인 명제의 형식을 취하여 확언하지 않는다는 것이다. 따라서 경전의 내용에 대해서는 형식에 구애되지 않는 자유로운 태도를 취하게 된다. 또 경전에 기술되어 있지 않은 곳에 불교의 진리가 있다고 한다. 교외별전이란 경전에 절대적 가치나 의의를 부여하지 않음을 말한다. 이 때문에 선에서는 사람과 사람의 관계를 중시한다. 직지인심이란 자신이 본래 지니고 있는 성품, 즉 불성을 알아보는 것이며, 견성성불이란 바로 이것을 가리킨다.

우리나라의 선은 전래된 통일신라시대로부터 고려 초에 이르러 구산선문九山禪門이 확립되었다. 조선에 이르기까지 선과 교는 종파 간에 서로 융화하기도 하고 우열을 논하기도 하였다. 그러나 대체로 고려 말 이후 조선시대에는 조사선祖師禪이 유행하면서, 선의 우위성이 강조되며 문자와 경전을 경시하는 경향이 있었다. 이러한 선의 역사성은 조선 중기 보우대사에 의해 가까스로 중흥된 교단에서도 실질적인 문제로 나타나 선종과 교종 간에 분열의 조짐이 보였다. 이러한 양종간의 갈등은 불교를 적대시하며 조그만 트집이라도 잡아서 문제시하려는 척불세력에 빌미를 주는 일이었다. 또한 겨우 교단을 일으킨 시점에 양종이 서로 우열을 논하며 다투는 것은 불교 전체에 결코 보탬이 될 수 없는 일이었다.

보우대사의 선과 교에 대한 시각은 선종판사를 맡기 이전부터 확고하였다. 그는 분명히 선사였지만 결코 '교'를 차등화하지 않고 하나의 불교로 보았다. 다음은 「교종판사록명편」에 언급된 보우대사의 선교관이다. 녹명편錄名篇이란 선대의 고승에 이어 새로 교단을 맡은 사람의 이름을 이어 기록하는 일종의 취임사이다. 당시 교종판사에는 수진守眞이 임명되었는데, 「선종판사계명록」과 함께 「교종판사록명편」도 『허응당집』에 수록되어 있다.

얼굴 노란 늙은이 부처님은 보리수 도량에 앉아 바른 깨달음을 이루시고 돈교頓敎를 설하시니 곧 범부가 바로 성인이라는 종宗이다. 이 종문은 양양하게 서천에 넘쳤고 마침내 눈 파란 스님 달마가 소림사의 방에 앉아 근기가 뛰어난 자를 기다려 선을 전하였으니 이것이 곧 마음이 바로 부처라는 종지宗旨이다. 이 종지는 동진 땅을 가득히 메웠노라. 그러므로 교는 오로지 한 선의 돈교이며, 선은 원래 돈교의 한 선이다. 이렇게 선과 교가 원만하게 융합하니 말하고 입 다무는 일이 자유자재한 것이다. 이로 말미암아 선의 강물과 교의 바다가 서로 섞여 통하게 되니 교주는 선사와 함께 하나로 화목하게 되고 문마다 모두 피차가 서로 통하고 마음마다 모두 안팎에 가로막힘이 없어 서로 돕고 서로 구제한 것이 한두 세대의 일이 아니었고 즐거움도 함께하고 근심도 함께한 것이 무릇 많은 사람이었다.

•「교종판사록명편」 중에서, 『허응당집』

한마디로 선교일치론이다. 부처님이 깨달으신 '범시성'凡是聖의 종지는 '범부와 성인이 하나'라는 가르침으로 이른바 돈교의 내용이며, 달마가 전한 '심즉불'心卽佛의 종지 곧 '마음이 바로 부처'라는 가르침은 일선一禪의 내용이다. 그러므로 돈교와 일선이 서로 융화되어 선과 교가 서로 통하고 하나가 되어 온 세상의 중생들을 구제하여온 역사가 바로 불교의 역사라는 것이다. 그러므로 선과 교는 피차의 구별이 존재할 수 없는 하나로 어우러진 가르침이요, 하나의 종교인 것이다.

또 다음의 시는 보우대사가 금강산에 있을 때, 선종과 교종 중에 어느 것이 더 심오한 부처님의 가르침인가를 묻는 어느 선사가 보낸 서한에 대한 답시이다.

사십구 년 부처님 설법이
백번 정련한 구슬같이 오래 볼수록 새롭네.
가섭이 미소하니 선의 등불은 밝고
아난이 많이 들었으니 교의 바다 빛난다.
묵묵히 관함을 강론할 수 있다면 자성의 근본을 알고
시끄러운 강론 묵묵히 따르면 마음의 진여를 깨닫노라.
아! 지엽말단만 좇는 머리 빈 나그네들
교는 얕고 선은 깊다고 함부로 지껄이네.
四十九年金口說　如珠百鍊久來新
飮光微笑禪燈朗　慶喜多聞敎海彬
講得默觀知性本　默從喧講悟心眞
吁嗟逐末虛頭客　敎淺禪深妄指陳
　•「감鑑 선인에게 시를 보내며 선종과 교종의 깊고 얕은 관계를 논

함」寄鑑禪人幷答禪教深淺之問 중에서,『허응당집』

대사는 교는 얕고 선은 깊다고 함부로 평가하는 자들을 지엽말단만 좇는 머리 빈 사람으로 일축하고 있다. 선과 교 모두가 49년 동안 부처께서 설하신 법으로 가섭과 아난이 각기 전수하고 펼친 것이며, 모두가 자성의 근본을 알고 마음의 진여를 깨닫는 것임을 말하고 있다.

부처님의 가르침은 가섭의 미소로 마음이 전해지고 아난의 다문多聞을 통하여 말씀이 전해지니 사람들은 그것을 구분하여 선과 교로 나누었다. 그러나 부처님의 가르침은 모두가 자성의 근본을 알고知性本, 마음의 진여를 깨닫는悟心眞 하나의 불승인 것이다. 그러므로 선과 교가 하나요, 둘이 아니라는 게 부처님의 가르침이다. 만일 선과 교, 어느 한쪽이 더 심오하거나 하열하다는 생각을 가진다면 그는 지엽과 말단만을 좇는 머리가 빈 사람이라는 것이다.

이러한 보우대사의 선교불이관禪教不二觀은 이후 소요 태능逍遙 太能, 1562~1649에게서도 볼 수 있다. 태능은 부휴浮休로부터 가르침을 받고 서산으로부터 무생의 깨달음을 얻었는데, 그의 선교관 역시 동일하다.

선과 교가 근원이 같아 오직 한 맛뿐인데
부디 심식을 가져 달고 씀을 분별 말라.
만일 물결을 따라 그대로 좇아가면
남에게 다시 나루터 물음을 면치 못하리.
禪教同源唯一味 莫將心識辨甘辛
若也水波逐浪走 未免從他更問津
• 태능,「고존사의 화성」古尊師化城 중에서,『소요당집』

보우대사가 선종판사를 그만두고 청평사로 은퇴한 뒤 선과 교 양종에서는 서로 다툼이 있었다. 다음의 시는 당시 종단의 업무를 관장하던 장무掌務에게 보낸 시이다. 대사는 선과 교가 하나이고 또한 모두가 한 스승의 가르침이며, 하나의 불승佛乘임을 일깨워 양종간의 화합을 가르치고 있다. 이 역시 앞에 인용된 시와 한 치의 오차도 없는 그대로의 견해를 보인 것으로 양종이 복립되기 이전부터 이후에 이르기까지 "교가 바로 선이며, 선이 곧 교이다"教卽是禪 禪卽教라는 일관된 견해를 보이고 있다.

오랜 암흑기 끝에 양종이 복립되고 승과가 부활되어 양종의 인재들이 길러지고 다시 부처님의 법등에 불이 켜지자, 양종간에는 불화가 생기기 시작했다. 보우대사는 선종을 대표하는 선사였지만 선과 교라는 틀에 구애받지 않고 선과 교를 하나의 불승으로 보는 선교관을 통해 양자 간의 화합을 가르치고 있다.

최상의 도는 원래 너와 나의 차별 없음인데
어찌하여 그대들은 종문 갖고 다툴 수 있겠는가.
봉선, 봉은 두 절에 은총내린 일 모두가 임금님의 덕화인데
아난과 가섭 같은 스승, 일불승이라.
교가 곧 선이며, 선이 곧 교이니
당연히 얼음은 원래 물이고, 물은 원래 얼음이라.
선과 교 진실로 둘이 아님을 알고자 한다면
수미산 최상층을 보아두어라.
至道從來無彼我　奈何君輩鬪宗能
先恩兩寺皆王化　難葉同師一佛乘
教卽是禪禪卽教　氷應元水水元氷

欲知禪敎眞無二　看取須彌最上層

•「양종의 장무에게」示兩宗掌務,『허응당집』

　그러나 양종간의 다툼은 더욱 치성하여 급기야는 승과 출신의 대선들마저 서로 사이가 벌어지게 되었다. 당시 화합하고 힘을 모은다 해도 불교를 다시 일으켜 세우는 일이 어려운데, 서로 집안싸움까지 일으키니 어찌 불교가 배척당하는 현실을 극복해나갈 수 있단 말인가. 그래서 보우대사는 장편의 시를 지어 다투는 대선들을 호되게 질책하며 그들의 미혹함을 깨우쳐주었다. 이 역시 대사가 물러나 청평사에 주석하던 때이다. 시가 좀 긴 편이지만 선과 교에 대한 그의 견해를 여실히 보여주는 글이므로 전문을 소개한다.

　두 종문의 대선들이 서로 높고 낮다는 마음을 일으켜 장차 북방의 오랑캐와 남방의 월나라처럼 사이가 벌어지게 되었다는 말을 듣고 곧 장편의 게송을 지어 이들에게 보내다.

　생각건대 우리 위대한 석가모니 부처님도 극치에 이르러 다음 생이 없으셨다. 위 도솔천궁에서 남염부제주 언덕에 내려오셔서 영산에 대중 모아 설법하고 꽃 뽑아 들고 지극함 보여주시니 인천세계의 백만 신도 귀머거리 같아서 어찌할 바 몰랐네.
　오직 오늘 마하가섭만이 활짝 홀로 미소 지으시니 열반의 정법안장이 이때부터 부촉할 곳 있었느니라. 부처님은 푸른 연꽃 같은 눈동자로 대중들에게 알리시기를 선의 등불 가섭의 마음에 켜고, 교의 바다 아난의 입에 쏟았다.

서천의 이십팔 조사와 동토 육대 조사들이 전전하며 서로 묘법 전한 것은 모두가 부처님 말씀으로, 생사번뇌의 길 허물고 제거하였다. 말로 인해 도의 진리 증득하고 법을 보고 종지 밝혔으니, 어찌 보고 듣는 인연 떠나서 외부에 가서 부처님의 골수 구하겠는가?

　선은 모든 부처님의 마음이며, 교는 모든 부처님의 말씀이다. 마음과 입은 반드시 어긋나지 아니하니 선과 교 언제 둘 있었던가? 다만 이들과 형상 따라 차이가 있어 마치 깊고 얕은 차이 있을 듯하나 성인은 알맞은 기연을 상대하여 설교하시니 곧 기율이 없느니라.

　통달한 사람은 마음에 닿고 말은 잊어버리며 곧 모든 조사와 벗이 되니 어찌 하나의 법 가운데 옳은 것 옳지 못한 것 있겠는가? 이를 한계 지으면 미혹하지 않는 사람 없고 이를 통달하면 깨닫지 못하는 사람 없다. 미혹하고 깨닫는 것은 사람에 달려 있고 말하고 입 다무는 사이에 있지 아니하다.

　만약 한 생각마저 없어진다면 마음 역시 찾아볼 곳 없느니라. 어찌하여 지금 두 종문 스님들은 모두 이 도리 모르는가? 꿈속의 정 다투어 일으켜서 아집으로 상대의 허물 비난하니 이것이 어찌 통달한 사람인가. 참으로 속된 자라 할 만하다.

　이기기를 좋아하는 마음 제거하지 못하고 높이 떠받드는 정 부끄러워 하지 않으며 강 건너 전쟁 일어난 듯 보다가 얼굴 마주 보면 서로 질시하여 얼음과 숯불이 마음속에 격동하고 분노가 두 귀에 떠오르며, 뒤틀리

가섭(왼쪽)과 아난(오른쪽). 부처님의 가르침은 가섭의 미소로 마음이 전해지며,
아난의 다문을 통해 말씀이 전해진다. 사람들은 그것을 구분하여 선과 교로 나누었다.
보우대사는 이 모두가 자성의 근본을 알고 마음의 진여를 깨닫는 것이므로,
선과 교는 둘이 아니라고 가르쳤다.

면 오랑캐와 다름없고 화합해도 물과 우유 같지 않구나.

의기는 나이 같은 무리에 미치지 못하고 정은 형제 같지 아니하여 스님 세계의 뜻 저절로 이지러져서 복전이란 이름 저절로 은폐된다. 스님이 하는 일 이와 같으니 불법은 장차 무엇을 믿겠는가? 슬픈 눈물 가을 바람에 뿌리고 앉은뱅이처럼 동동 뛰니 윤건이 뒤집히네.

쯧쯧, 너희 무리들 왜 하늘의 가르침 모르는가? 하늘의 가르침 거듭 정중하게 화합하고 서로 거스르지 말라 하셨다. 임금의 은혜 이와 같이 깊은데 감히 두려운 마음 품지 아니할 수 있겠느냐? 바라건대 속히 전의 잘못 뉘우치고 높고 낮다는 헤아림 짓지 말아라.

스스로를 높이면 사람들이 바보라 비웃고 스스로를 낮추면 사람들은 지혜롭다고 굴복한다. 높낮음의 정 생기지 아니하면 자연히 진실한 경지에 오른다. 백 리 산과 구름 가로막힌 곳에서 너희들 위해 한 수의 게송 읊조리노라. 읊고 나 홀연히 고개 돌려 바라보니 천 봉우리 개인 하늘에 달 솟아오르네.
- 『허응당집』[1]

## 사람이 바로 하늘

보우대사는 어떤 정승에게 지어준 「경암명」敬庵銘의 서문에서 인간의 성품에 대하여 이렇게 말하고 있다.

대저 사람이 하늘로부터 얻어 나에게서 성품이 된 것은 그 본체가 신령스럽고 밝아 어둡지 아니하고, 그 작용은 빛나고 크며 걸림이 없어 마치 바로 보배로운 거울이 비출 때 그 사이에 터럭만큼이라도 인위적인 것이 끼지 않아, 하나하나의 모든 움직임이 혼연히 하늘의 이치 그 자체이듯이, 하늘은 일찍이 사람이 아닌 적이 없었으며 사람은 일찍이 하늘이 아닌 적이 없었도다.

즉 인간의 성품이 바로 하늘의 이치임을 논하고 있다.
또 어떤 이에게 일정一正이라는 호를 지어주며 쓴 글에서 다음과 같이 천리와 인심이 하나임을 밝히는 인천합일론人天合一論을 전개하고 있다.

일一이란 둘도 셋도 아니어서 성실하고 거짓됨이 없음을 말하는 것이다. 하늘의 이치는 그 이치가 깊고 아득하여 아무 조짐이 없으나 만물을 벌여놓아 갖추지 않은 것이 없다. 그러나 그 본체는 하나뿐이어서 본래 둘이니 셋이니 하는 물건이 아닌 것이다. ……이것이 하늘의 이치가 항상 일정하여 성실하고 거짓됨이 없다고 하는 까닭이다.
정正이란 치우치지 않고 삿邪되지 않아서 천지만물의 이치를 갖추지 않은 것이 없으며, 신령하고 어둡지 않아 천지만물의 일에 응하지 않는 바가 없어서 본래 한 생각의 사사로움으로 치우치거나 삿됨이 없는 것이다. ……이것이 인심이 본래 올발라 순수하고 섞임이 없다고 하는 까닭이다.
이치라고 하고 마음이라고 하여 이름과 말은 다르지만 하늘과 사람의 이치나 일一과 정正의 뜻은 다르지 않기 때문에 하늘이 곧 사람이요 사람이 곧 하늘이며, 일一이 곧 정正이요 정이 곧 일이며, 사람의 본체가 바로 천지의 본체요, 인심이 바로 천지의 마음이며, 사람의 기氣가 바로 천

軒應萬有眾妙廣慶不起臂面如鏡此其寶德物無興兢
然而八風前後打塵或藁堂怨暗也惟楕有要持敬室中靜
焉焉烹怒泉蓋是房權大武妖乎作聖之本雄勿倦兗弃不遠

撰隨應萬事如鏡照物而未嘗有一事之錯此人心之所以為
本正而純粹無雜者也曰理曰心雖有名言之有殊其人之
理之一正之義則未嘗有異故天即人；即天人之心之氣之
人之體也天即人也人之心之氣即吾之心之氣所以謂天即人也人之
所謂天地萬物本吾一體吾之心即天地萬物之心也其誠實無妄之
也天地萬物慶星光風霽月莫非吾心之所出矣一而不二之洪纖高下飛潛動植青紅赤白
順則行往坐臥十二時中行住坐臥亦常不亦其得天下飛潛動植高下之
十二時中行使之情則自殘性覺之情自然不忘實萬物之理無不該亦以至喜怒哀
欲非之待顧福之慶以渙性覺之情自然以一而正之正不偏不倚此其純粹無雜者以
咸福不福無不圓而可以能卷其壽可以綿者人心之所稟於天者如
而未看位樣於長聖代之大平矣

閒夫天下之善雖大小不一而凡利澤及於人者福之
橋祺院守道觀佛刹施澤之地也門惡者禍

봉은사 화엄경판. 보우대사의 인천합일사상은 한 마음을 밝혀 만법을 통합하는
일승원교인 화엄사상에 바탕을 두고 있다. 보우대사는 이 일심을 통하여 선·교는 물론
유·불·도 삼교를 원융무애하게 회통시켰다.

지의 기이다. 천지의 상서로운 오색구름과 별, 비 개인 뒤의 맑은 바람과 밝은 달이 모두 사람의 마음과 사람의 기에서 나와 일어난 것이다. 이것이 이른바 천지만물이 나와 한 몸이며 내 마음이 바르면 천지의 마음도 바르고, 나의 기가 순조로우면 천지의 기운도 순조롭다는 것이다.

• 「일정」一正 중에서, 『나암잡저』

이와 같은 보우대사의 인천합일론은 그야말로 나와 삼라만상이 하나로 어우러지는 대자연의 교향악을 듣는 것 같이 그대로 혼연한 느낌을 얻게 한다. 진실하여 거짓이 없는 하늘의 이치와 순수하여 잡됨이 없는 인심이 둘이 아니므로 하늘이 곧 사람이요, 사람이 곧 하늘인 것이다. 대사는 유학자들이 번거롭게 논의하던 심心 · 기氣 · 이理 · 성性 · 정情의 모든 관념을 꿰뚫어 초탈하였으며, 거기에 더하여 하늘의 이치와 사람 마음의 완전한 하나 됨을 이루어낸 것이다.

사람의 마음과 기운의 드러남이 그대로 대자연의 경지가 된 것이니 어떤 언어로 이를 다시 구구하게 설명하겠는가?

그렇다면 이러한 인천합일사상의 근간은 어디에 있는 것일까? 그것은 다름 아닌 한 마음을 밝혀 만법을 통합하는 일승원교一乘圓敎인 화엄사상이다. 보우대사는 이 일심一心을 통하여 선 · 교는 물론 유 · 불 · 도 삼교를 원융무애하게 회통시키고 있는 것이다. 화엄의 무상현문無上玄門에서는 진여인 일심이 우주만유의 법계와 똑같이 평등하여 무애자재하므로 그 진리가 참으로 불가사의하다. 그는 「화엄경후발」華嚴經後跋에서 다음과 같이 말하고 있다.

크도다, 화엄의 돈교頓敎여! 본체는 본래 생겨난 것이 아니니 시작과

끝이 없고, 작용은 실로 멸하지 않으니 이루어지고 허물어짐 없도다. 이는 모든 교의 근본이요, 만법의 조종이다. 이로써 말미암아 하늘은 맑고 땅은 편안하며, 삼광三光, 해·달·별은 밝고 사시四時는 운행하며, 산과 내는 흐르고 솟았으며, 새와 짐승은 날고 달리며, 초목과 곤충까지도 이로써 움직이고 쉬니, 이것이 이른바 만물의 본체가 되며 일체의 성품을 버리지 않아 어긋남이 없다는 것이다.

우리 부처님이 설하신 것도 이것을 설하신 것이요, 오십삼 선지식이 사람들에게 보인 것도 이것을 보인 것이며, 복성동자가 남방에 가서 구한 것도 바로 이것을 구한 것이다. 저 요임금의 어짊과 순임금의 효도와 공자와 맹자가 만세의 스승 된 것과 노자와 장자가 만물에 오만하여 세상을 가벼이 여긴 것과 나아가서는 임금의 어짊과 신하의 충성, 아버지의 자애로움과 자식의 효도, 형의 우애와 아우의 공경, 부부의 화합에 이르기까지 모두 이것을 얻어서 그렇게 되는 것이다.

그러므로 이것을 확충하면 만물이 다 비로자나의 참다운 본체요, 이것을 미루어 행하면 걸음마다 모두 보현의 묘행이 되는 것이다. 그러므로 이것을 듣는 자는 다 부처가 되며, 범부도 능히 기뻐 따르면 곧 범부를 뛰어넘게 될 것이니, 천하의 모든 것이 모두 이 경의 큰 근본과 작용 아닌 것이 없도다.

• 「화엄경후발」華嚴經後跋 중에서, 『나암잡저』

천리와 인성이 하나이며 진여와 불성이 둘이 아니므로, 근본 진리는 모두가 하나로 통하는 것이다. 진리에서 보면 모두가 일여평등一如平等하니 하늘과 사람이 어디 따로 따로 있겠는가.

### 유교와 불교는 하나의 도

보우대사는 그가 '천 년 만에 한 번 만날 수 있는 마음을 알아주는 벗'으로 표현한 화華법사의 시축에 차운하는 시의 서문에서 다음과 같이 유교와 불교의 도가 둘이 아님을 논하고 있다.

대저 세상에서 노자老子와 불타佛陀에 빠져 군신과 부자의 윤리를 저버린 자는 다만 허무만을 일삼고 그 군신부자의 도가 바로 본체의 작용임을 알지 못하는 것이며, 또한 공자와 맹자를 스승으로 하고 인의仁義를 근본으로 하는 자는 다만 충서忠恕만을 존중할 뿐이고 그 진공적멸眞空寂滅의 이치가 바로 작용의 본체임을 알지 못하는 것이다. 저 두 부류의 사람들은 모두 도道의 본체와 작용에 미혹한 것이며, 또 성인이 혹은 권도權道로 혹은 상도常道로 발자취를 이어 서로 일어나서 저 지극히 바르고 큰 무이無二의 큰 근원을 부지하는 까닭을 알지 못하는 것이다. 그리하여 그 무이의 도를 나누어 마침내 한쪽은 유교, 한쪽은 불교로 쪼개놓고 서로 우열이 없는 성인이건만 앞뒤를 차별하여 오랑캐라 하고 중하中夏라 한다. 이에 불자들은 인륜의 애정을 원수로 여겨 각자 막고 금하며, 선비들은 이를 인륜이 없다고 금수로 여겨서 항상 힘써 배척하고 막는다. 그리하여 정에 따라 자신은 지키고 남은 공격하여 밀치고 배척하며, 법의 같고 다름을 따져서 인륜의 있고 없음으로 하나는 옳고 하나는 그르다고 하니 누가 저 도가 둘이 아닌 사실을 알겠는가?

• 「화법사의 시운을 따서」次華法師軸韻의 서문 중에서, 『허응당집』

이 글에서 보우대사는 불교의 진공적멸을 작용의 본체로, 유교의 인륜지도人倫之道를 본체의 작용이라고 하여 불교와 유교를 도에 있어서의 본체와 작용의 측면에서 하나로 회통시키고 있다. 불자가 군신부자의 도를 알지 못하는 것이나 유생들이 진공적멸의 이치를 모르는 것은 모두 도의 체용體用과 권상權常에 미혹되었기 때문이며, 그로 인하여 유교와 불교가 지극히 정대한 하나의 큰 근원임을 모르고 이를 둘로 구분하여 우열을 두며 옳고 그르다고 하는데, 이는 자기는 지키고 남을 공격하는 이기심에서 비롯된다고 논하고 있다.

이와 같은 보우대사의 유불무이관儒佛無二觀은 미혹함과 이기심의 두 견해를 떠난 중도의 요체와 수경행권守經行權의 방편을 통하여 이루어진 것이다.

여기서 우리가 주목해야 할 점은, 보우대사는 다른 호법론자들과는 달리 유가의 배불에 대하여 일방적으로 불가의 입장만을 변론하지 않고, 당시 불자들의 잘못된 인식을 스스로 먼저 지적함으로써 단지 공空만을 지키는 자는 치선痴禪으로, 인륜을 등진 자를 광석狂釋으로 규정하여 이들이 모두 도의 큰 작용에 미혹된 것으로 보고 있다.

이어서 대사는 유교와 불교가 둘이 아닌 하나의 도임을 다음과 같이 갈파하고 있다.

여기 한 물건이 있으니
혼연히 이루어져 고금을 꿰뚫었네.
바탕은 비었으나 스스로 신령하고
작용은 진실하나 그 자취는 없도다.
굽어보고 우러러보아도 아득한 곳에 숨어 있지만
보고 듣노라면 역력하게 밝도다.

음양과 사시四時는

잠시도 쉬지 않고 운행하니

유교에서는 이를 태초太初라 칭하고

불교에서는 이를 원적圓寂이라 말하네.

잠겨 있으면 깊은 못의 물고기요,

움직여 작용하면 하늘을 나는 학이라.

有物在於斯　渾成貫今昔

體虛而自神　用實其無跡

俯仰隱玄玄　視聽明曆曆

陰陽與四時　運行無暫息

儒稱此太初　佛言斯圓寂

潛爲在淵魚　動作飛天鶴

・「화법사의 시운을 따서」次華法師軸韻 중에서, 『허응당집』


　실로 도는 하나이나 말이 다를 뿐이다. 당시 보우대사와 시대를 함께한 대유학자 율곡栗谷은 풍악의 작은 암자에서 한 노승을 만나 다음의 시를 지었다.


고기 뛰고 솔개 날아 위와 아래가 같으니

이것은 색도 아니고 또 공도 아니네.

등한히 빙긋 웃고 내 신세 돌아보니

지는 해 숲 속에 홀로 섰어라.

魚躍鳶飛上下同　這般非色亦非空

等閒一笑看身世　獨立斜陽萬木中

• 이이, 「풍악의 작은 암자 노승에게」楓嶽贈小菴老僧, 『율곡집』

『시경』에 "솔개는 날아 하늘에 이르고 물고기는 연못에서 뛰논다"鳶飛 戾天 魚躍于淵라는 글이 있는데, 이는 유교에서 만물의 화육化育이 유행하 여 천지에 밝게 드러남이 이치의 작용 아님이 없음을 밝혀 도가 생동감 넘 치게 드러남을 표현한 것이다. 이를 비색非色 비공非空의 중도中道 실상으 로 파악하고 있는 율곡의 안목은 앞에서 언급한 보우대사의 시각과 다르 지 않은 것이다.

그 옛날 혜원법사가 도연명, 육수정과 만나 서로 도를 이야기하다가 자 신도 모르게 건너지 않겠다던 호계虎溪를 건너며 파안대소하였던 호계 삼소虎溪三笑의 고사와도 같이, 만일 보우대사와 율곡선생이 서로 만나 유 · 불의 도를 함께 허심탄회하게 이야기하며 마음을 통했다면 조선시대의 유교와 불교가 조잡한 시비의 차원을 넘어 보다 훌륭한 사상을 전개하였 을 것이다. 그러나 율곡선생마저 보우대사의 무이관無二觀을 몰라주고 배 척하는 상소를 올렸으니 이는 당시의 시대적인 풍조가 빚어낸 안타까운 일이라 아니할 수 없다.

보우대사는 옥玉 법사의 시축에 차운하는 글의 서문에서 그의 유불무이 관을 문답 형식으로 풀이하고 있다. 어떤 객이 시축을 가지고 와서 교열을 보아달라며 다음과 같이 이상한 질문을 한다. "공자와 석가를 모두 큰 성 인이라고 칭하는데, 천하를 구제함에 있어서는 마땅히 우열이 있지 않겠 습니까? 설명을 듣고 싶습니다"라고 하자, 대사는 옛말을 인용하여 "큰 허 공을 그리고자 하는 자는 붓만 대면 이미 절대적인 상과는 어긋나게 되는 것이며, 큰 바다를 움켜쥐려 하는 자는 병에 물을 담자마자 그 끝없는 바다 를 잃는 법인데, 하물며 큰 성인들의 드러나지 않는 덕을 어떻게 언어로 형용하여 그 높고 깊음을 헤아릴 수 있겠는가?"라고 답변하였다.

이어 "이미 선학들이 유교와 불교에 대하여 논의한 저술인『호법론』護法論·『현정론』顯正論·『이혹론』理惑論·『변정론』辨正論 등을 구해서 공부하지 왜 나에게 와서 묻는가?"라고 하자, 객은 여러 선현들의 설을 다 열람하였으나 의심을 풀지 못하고 있는데 스님께서 유·불의 이치를 깊이 체득하셨다는 말을 전부터 들어와서 특별히 여쭙는 것이니 거절하지 말아달라며 자신의 유불이교에 대한 견해를 피력하였다. 그러자 보우대사는 40자의 오언율시로 유교와 불교의 같고 다름을 말하여주고 있다.


여기 한 물건 있으나 손잡이 잡을 수 없는데
누가 두 갈래로 나눌 수 있겠는가.
물과 파도는 원래 같은 습기요
얼음과 눈은 본래 같은 한기로다.
도가 어찌 유석으로 나뉘겠는가.
사람들이 응당 창과 방패를 세운 것이리라.
안타깝도다, 미친 후배들이여!
그림자만 보고 다투어 따라가고 기어오르니.
有物沒巴鼻　誰能折二端
水波元共濕　氷雪本同寒
道豈分儒釋　人應堅戟干
堪嗟狂後輩　認影競追攀
• 「옥 스님의 시운을 따서」次玉師軸韻,『허응당집』


보우대사는 오언율시로써 객이 유·불의 우열에 관해 질문하는 것을 그림자만 보고 서로 다투는 미친 짓으로 깨우쳐주고 있다. 사람들은 도의 본체가 하나인 줄 알지 못하고 둘로 나뉜 그림자만 보고 서로를 비방하고 다투니 대사의 도안道眼에는 미친 짓으로 보일 수밖에 없었던 것이다.

또 대사는 「유교와 불교의 권도權道와 상도常道가 일치함」이라는 시에서, 유·불의 도가 서로 일치함을 말하고 있다.

> 공자는 상도를 말하고 부처는 권도를 말했으니
> 이는 한 손이 주먹과 손바닥으로 나누어짐과 같다.
> 집에 거처할 때에는 예가 있어 남녀가 친히 주고받지 않으나
> 물에 빠진 사람 보고 무심함이 어찌 본연의 마음이리요.
> 바른 것으로 잘못된 것을 제거함은 금으로 그릇을 만드는 것과 같고
> 허망함을 타고 거짓을 좇는 것은 나뭇잎으로 돈을 만들려는 것과 같다.
> 두 신선 모두가 같이 수레바퀴 밀고 가니
> 처지를 바꾸면 언제 일찍이 앞뒤를 비교한 일 있었던가.
> 孔卽言常佛卽權　如分一手掌幷拳
> 居家有禮非親受　在溺無心豈本然
> 以正去邪金作器　騎虛趂妄葉成錢
> 二仙俱是同推轂　易地何曾較後前
> • 「유교와 불교의 권도와 상도가 일치함」儒釋權常一致, 『허응당집』

세상일이란 어느 하나만을 고집하게 되면 모순에 빠지는 경우가 생긴다. 이러한 의미에서 상도와 권도는 상호 보완관계를 유지한다. 그래서 공자는 상황에 알맞게 대처해나가는 시중지도時中之道를 말하였고, 부처는 진리를 깨닫게 하기 위한 좋은 방법인 선권방편善權方便을 실하였다. 보우

대사는 유교와 불교를 서로 도우며 올바른 길로 한 수레바퀴를 굴려나가는, 즉 세상의 교화를 위하여 함께 이끄는 가르침으로 보고, 마치 한 손을 펴면 손바닥이고 쥐면 주먹이 되는 것과 같다고 말하고 있다.

# 6 제주에서의 순교

일없이 허깨비 마을에 와서
오십여 년을 한바탕 놀았구나.
인간사 영욕이야 무슨 상관이랴.
적정한 그 자리로 돌아가느니.

## 배불논리의 부당성을 논박하다

보우대사에 의해 중흥 불사가 지속적으로 진행되자, 유생들과 대신들은 빗발치는 상소를 올렸다. 그러나 그 양적인 면에서는 가히 놀랄 만한 것이었으나, 반면 왜 불교를 배척해야 하는지 배불의 논리적인 면에서는 매우 빈약했다. 실록 자료에 의하면 그 내용은 중종조의 억불정책을 지속할 것과 보우대사에 대한 각종 모략, 그리고 인륜을 저버리고 허무함만을 일삼는 이단인 불교가 흥하면 유교가 쇠하며 화복설로 백성을 현혹한다는 수준 낮고 막연한 배불 논리로 일관하고 있다. 이는 당시 유생들이 불교이론에 대하여 심도 있게 반박할 만한 지식을 갖추지 못했다는 것을 반증한다.

보우대사는 이러한 배불 논리에 대하여 역사적인 사실에 근거한 실증적인 방법과 유가의 주역사상에 근거한 변역變易의 논리로써 반론을 전개해 나갔다. 하루는 어떤 진사가 불교가 흥함을 매우 싫어하여, 장편의 시를 지어 보내면서 불교의 통하고 막힌 점을 매우 간절하게 물어왔다. 대사는 그에 응수하는 글을 지어 불교가 흥하면 유교가 쇠한다는 허황된 배불 논리에 대한 반론을 다음과 같이 주장하고 있다.

불교에서 말하는 청정법계의 법신法身과 유교에서의 건원乾元은 얕고 깊음도 없으며, 가함도 불가함도 없도다. 천하의 수레에 실은 모든 글은 한 궤도를 가는 글이니 지극한 도에 어찌 두 경계가 있으리오. 큰 안목으로 보면 사람의 형상과 의복도 서로 다른 것이 아니거늘 마구 떠들어대며 서로를 배척하는구나. 유도가 성하고 불도가 성하는 것은 그림자가 형체를 따르는 것과 같으니 그 이유를 알고자 한다면 옛 자취를 살펴보라하〔夏〕나라 · 은〔殷〕나라 · 주〔周〕나라 이래로 문장과 선비의 성함이 실로 당〔唐〕 · 송〔宋〕대만 할 때가 없었으며, 불도와 선승의 성함 또한 당 · 송대 같은 적이 없었다. 이로써 본다면 같이 성함을 알 수 있다. 불도가 쇠하고 유도가 쇠하는 것도 메아리가 소리에 응하는 것과 같으니 고금을 자세히 미루어 보면 누워서도 알 수 있다불법이 중국에 들어온 후 승도의 쇠함은 삼무(三武 : 위무제 · 주무제 · 당무종)의 때보다 심한 적이 없었는데, 또한 이때에 유도가 성했다는 말을 들어보지 못했다. 그 이유를 자세히 미루어보면 함께 쇠함을 알 수 있다.

유교가 흥하면 불교가 망한다는 천리는 없으며, 서쪽은 밝은데 동쪽이 어두운 촛불도 없는 법이다. 무엇 때문에 성하고 쇠하는 이치가 이와 같은가? 동이東夷와 화하華夏가 원래 하나의 태극이기 때문이다. 그대는 "불교가 성하기 때문에 유교가 쇠하며, 유교가 성한 것이 불교를 흥하게 할 수 없다"라고 하지만, 이 설은 지금 그대의 입에서 나온 것이 아니요, 예로부터 원로 유학자들이 항상 하는 소리이다. ……만일 불교가 성하여 유교가 쇠한다고 한다면 고금에 있어 훌륭한 유학자들이 어찌 그리 많을 수 있으며, 또 유교가 흥하여 불교가 망한다면 삼무의 신하 중에 훌륭한 문신이 몇 명이나 있는가? 불교가 과연 유교를 밝지 못하게 했다면 부처가 영험이 있다고 해도 놀랄 만한 일이 못 될 것이다.

그대에게 청하노니 말을 할 때는 신중히 세 번 생각하고 이런저런 핑계로 스스로 곤욕을 초래하지 마시오. 자신이 당하는 곤욕은 그래도 한 번쯤은 참을 수 있지만, 또 남을 욕보인다면 또 무슨 얼굴빛이 되겠는가?

……나는 불교와 유교가 세상의 흥망을 따라 함께 흥하고 쇠함을 아노라. 그대가 불교를 행하지 못하게 하려면 반드시 천지를 변화시키고 천리의 운행을 바꾸어야 하리라. 이 논리는 전인들이 논하지 못했던 것이다. 적은 지식을 지닌 사람들이 본다면 반드시 크게 깨우치리라.

• 「무하향에서 온 한 선비가 양종의 일어남을 매우 싫어하여 장편의

214

시를 엮어 불교의 통하고 막힘을 매우 간절히 물어왔다. 나는 그만둘 수 없어 붓을 잡아 그 운을 받들어 응수하다」有一儒士 來自無何 深忌兩宗之興 兼綴長篇 爲贈問佛通塞甚切 余事不獲已 把筆依韻奉酬 중에서, 『허응당집』

보우대사는 지극한 도란 서로 경계가 없다는 것을 모르고 배척하기만을 일삼는 자들에게 이를 설명해주기 위해서, 역사적인 고찰을 통하여 유불의 흥망은 결코 상대적이 아니라는 것을 증명함으로써 배불 논리의 부당성을 지적하고 있다.

실로 한 종교가 흥하고 망하는 것은 상대 종교의 성쇠에 좌우되는 것이 아니요, 그 종교가 처한 정치·사회적인 여건과 종교 자체 내의 문제에 기인하는 것이다. 오늘날과 같이 종교의 자유가 인정되는 체제하에서는 후자의 경우가 결정적인 요인이 된다고 하겠다. 보우대사는 이를 명철하게 간파하여 긴 안목에서 보면 일시적인 인위적 조작에 의해서 성쇠가 좌우되는 것이 결코 아니라는 진리를 일깨워주고 있는 것이다.

또 대사는 양종 복립에 대한 유생들의 상소가 빗발치자, 유가의 주역 논리에 의거하여 중흥 불사가 거스를 수 없는 도의 흐름임을 말하고 있다.

차고 비는 이치 누가 주장하였던가.
성하고 쇠하며, 마치고 시작함은 영원한 도의 진리이거늘.
가을이 오면 잠깐 사이에 모든 숲이 파리해지며,
봄이 오면 다시 온갖 풀의 향내가 들리나니.
마치면 시작되고 시작하면 마침이 끝내 다하지 않으며,
성하면 쇠하고 쇠하면 성함이 다함 없도다.
크게 보면 본래 흥하고 망하는 일은

하늘과 땅과 사람의 세 가지로 옛 사람은 법을 삼았다네.

消息盈虛孰主張　盛衰終始道之常

秋來莢見千林瘦　春到還聞百草香

終始始終終不盡　盛衰衰盛盛無央

大觀本以興亡事　天地人三作舊章

•「온 조정이 불교를 배척하는 상소를 올린다는 놀라운 소식을 듣고」
驚聞滿朝震驚上疏排佛 因述二偈 중에서,『허응당집』


역사적인 사례와 유교의 근본 원리인 주역의 이치에 의거하여 배불 논리를 타파하며 전혀 궁색하지 않은 반론을 주장하였으니, 그 어느 배불론자가 이를 반박할 수 있었겠는가.

이단異端이란 유가에서 이교異敎를 배척하는 근본 논리로, 논어에 "이단을 전공하면 해가 될 뿐이다"攻乎異端 斯害也已라는 공자의 가르침에 근거한다. 유가에서는 사단四端을 통해 인성이 본래 선함을 말하는데, 그것은 곧 인仁 · 의義 · 예禮 · 지智의 단서端緒가 되는 네 가지 마음을 말한다. 즉 인仁에서 우러나는 측은지심惻隱之心, 의義에서 우러나는 수오지심羞惡之心, 예禮에서 우러나는 사양지심辭讓之心, 지智에서 우러나는 시비지심是非之心의 네 가지 단서를 통해 우리의 본래 마음에 인 · 의 · 예 · 지의 성性이 갖추어져 있다는 것을 알 수 있는 것이다. 성이란 하늘이 모든 인간에게 부여한 성품으로 이 본성을 회복하는 것, 즉 존심양성存心養性이 유교의 수기치인修己治人의 도이며, 요堯 · 순舜과 같은 성인聖人이 되는 길이다.

'이단'이란 단어를 글자의 의미에서 본다면 '다른 단서'라는 뜻으로, 인간의 본성에서 발현되는 네 가지 단서端緒가 유교에서 말하는 것과 다르다는 것이다. 즉 인간이 갖춘 본성이 선하지 않다는 견해를 주장하는 이론들을 말한다. 유가에서는 대표적인 이단으로 양주楊朱와 묵적墨翟을 들고 있다. 양주는 극단적 이기주의인 위아설爲我說을 주장하였고, 묵적은 겸애설兼愛說을 주장했다. 유교가 이들을 이단시하는 이유는 무부무군無父無君의 가르침이라는 것인데, 그 근본을 보면 모두 인간의 본성을 인·의·예·지의 성性으로 보지 않았기 때문에 나온 주장들이다. 유교에서는 출가를 이유로 불교 역시 무부무군無父無君의 가르침이라고 여겨서 이단시한다. 그러나 진정한 불교는 무부무군의 가르침이 아니다. 앞서 언급한 바와 같이 보우대사는 "무부무군의 윤리를 저버린 자는 군신부자의 도가 바로 본체의 작용임을 알지 못하는 것이다"라고 하며 인륜을 등진 승려를 광석狂釋, 즉 '미친 중'이라고 부르며 꾸짖고 있다.

유교에서 성인이 되기 위하여 회복하여야 할 인·의·예·지의 본성은 바로 불교에서 부처가 되기 위하여 성취하여야 할 보시·지계·인욕·정진·선정·지혜를 원만하게 구족한 불성이다. 대승불교의 근본 가르침은 육바라밀을 통해서 진여의 세계를 증득하고 그 완성을 통해 모든 중생들이 본래 가지고 있는 불성을 회복하는 것이다. 무욕의 보시는 인仁이요, 청정한 계율은 의義이며, 조화의 인욕과 성실한 정진은 예禮이고, 고요한 선정과 밝은 지혜는 지智에 해당하는 것이다. 불교의 육바라밀은 바로 유교의 사단과 조금도 다르지 않은 우리의 본래 성품이요, 진여요, 불성인 것이다. 이와 같은 진리를 분명히 안다면 불교를 결코 이단이라고 할 수 없을 것이다.

## 천릉과 참소

보우대사는 청평사에 물러나 있는 동안에도 문정왕후의 당부를 받고 임금의 축수재를 지내기 위해 병든 몸을 이끌고 낙산사를 세 차례나 오갔다. 다음은 「낙산잡영」洛山雜咏 중 일부이다.

명사십리 밟아보기 더딜까 늘 염려되더니
밟고 나니 밟지 못했을 때보다 더 시름 많구나.
세 번 보타굴에 온 일 스님들은 알지 못하나
흰 갈매기 오히려 미리 아는 듯하네.
鳴沙常恐踏來遲　踏了愁多未踏時
三到補陀僧不識　白鷗猶有似前知

분수 넘치게 왕후의 뜻 입어 낙가산에 이르니
송죽은 깊고 깊은데 패전은 차갑구나.
밝은 달밤 스님 불러 금 자물쇠 열게 하고
임금님 축수하는 향로 위 손수 단향 사르네.
忝承慈旨到伽山　松竹深深貝殿寒
明月喚開金鑰鑰　祝君爐上自焚檀
•「낙산잡영」洛山雜咏 중에서, 『허응당집』


　보우대사에 대한 신임이 대단하였던 문정왕후는 청평사에 은거하고 있는 대사에게 임금의 축수재를 은밀히 당부하였고, 보우대사는 그 뜻을 저버릴 수 없어 건강이 좋지 않은데도 그 먼 길을 오가며 보타굴에서 임금을 위해 향불을 사르고 관음보살에 예불하고 축수하였던 것이다. 대사에게는 이 일이 하늘이 자신에게 부여한 사명이었기 때문에, 임금에 대한 충정은 나라를 사랑하고 백성을 사랑하는 데로 이어지고 있었다. 결국 보우대

낙산사 원통보전과 칠층석탑(보물 제499호).
보우대사는 청평사에서 물러나 있는 동안에도 문정왕후의 당부를 받아
병든 몸을 이끌고 임금 축수재를 지내기 위해 낙산사를 세 차례나 오갔다.

서울시 삼성동에 자리한 정릉(靖陵). 중종의 능으로, 본래 경기도 고양군 원당에
중종의 첫 번째 계비 장경왕후 윤씨의 능과 함께 있었으나 두 번째 계비였던
문정왕후 윤씨가 풍수지리를 이유로 현재의 위치로 옮겼다. 보우대사는 천릉을
주도하지 않았는데도 이와 관련하여 척불세력의 지탄을 받아야 했다.

사는 문정왕후의 천릉 역사役事로 인하여 청산에 은거하고자 하는 간절한 소망을 이루지 못하고 다시 승단의 책임을 맡게 되었으며, 이로 인해 또다시 척불세력의 지탄을 한 몸에 받아야 했으니 참으로 비운이 아닐 수 없었다.

현재 서울시 강남구 삼성동에 자리잡고 있는 2개의 왕릉인 선정릉은 조선 9대 왕인 성종과 계비인 정현왕후 윤씨의 능인 선릉과 조선조 11대 왕인 중종의 능인 정릉을 말한다. 본래 중종의 능은 경기도 고양군 원당에 첫 번째 계비인 장경왕후 윤씨의 능인 희릉과 함께 있었으나, 문정왕후 윤씨가 풍수지리상 불길함을 내세워 서울의 삼성동 지금의 위치로 옮겼다.

『명종실록』을 편찬한 사관들은 "문정왕후가 스스로 생각하기를 그가 죽은 뒤에 중종과 같이 묻힐 수 없을 것이라고 여겨 정릉이 길지가 아니라는 설을 제창하여 마침내 천릉을 행하게 하였다. 이 일은 요승인 보우가 정릉을 선릉의 산택으로 옮기면 봉은사가 더욱 중해지고 그 기세가 더욱 성할 것이라고 여기고는 궁궐과 교통하고 윤원형과 결탁해서 서로 꾀를 합하여 일을 성사시켰다"라고 적고 있다.

사실 보우대사가 천릉을 주도적으로 행한 것이 아니었는데도 그는 천릉과 관련하여 많은 고통을 받아야 했다. 실록의 사관이 쓴 글에 의하면, "보우가 은밀히 그 계획을 도와 지리를 아는 중을 시켜 봉은사 곁에 자리를 정하게 하였으니, 이는 보우가 이 사찰의 주지로 있으면서 그들의 소굴을 튼튼하게 하려고 한 짓이다"라며 대사가 은밀히 관계하였음을 적고 있다.

그러나 대사의 입장에서는 봉은사 주지로 임명되고 나서 선종판사직을 사임하기까지 자신이 당한 수모를 생각한다면, 다시 교단을 맡는다는 것은 상상조차 하기 싫은 일이었을 것이다. 또다시 참소와 배척이 한 몸에 덮쳐 오리라는 것은 삼척동자도 알 수 있는 일이고, 더구나 문정왕후가 승하하면 결국 자신의 운명이 어떻게 되리라는 것은 불을 보듯 뻔한 일인 줄 알면서도 청평사 은퇴 후 다시 한양으로 돌아왔으니, 보우대사의 심정은 어떠했을까? 자기가 아니면 교단에 일할 만한 인물이 없어서였을까? 아니면 문정왕후의 뜻을 저버릴 수 없어서였을까? 당시 조정의 대신들과 유림들은 문정왕후의 천릉을 반대하였다. 그러한 사실을 알고도 다시 청산에서 내려와 속세의 티끌과 시비에 자신을 더럽히면서까지 왜 또다시 그 일을 감당하려 했을까? 천릉의 일이 대사에게 큰 타격을 주었던 것을 다음의 시가 말해주고 있다.

설악산에서 종문까지 고달프게 오가는 몸
선림의 그 누가 나와 같이 한가한 날 없는가.
처음 와서는 교 세우느라 머리 온통 하얗게 되었는데
다시 와선 능 자리 옮기느라 기운 모두 깎여 나갔네.
속세의 사정에 순종하다가 어느덧 늙은이 되었고
출가한 공업은 스스로 고되고 어렵게 되었구나.
언제쯤 다시 여윈 그림자 부지하여
곧바로 천봉만학 사이로 들어갈 수 있을까.
雪嶽宗門苦往還　禪林誰似我無閑
初來樹敎頭渾白　再到遷陵氣盡刪
順俗世情成老大　出家功業自艱難
何當更杷扶羸影　直入千峯萬壑間
• 「회포를 말하다」述懷, 『허응당집』

능 옮기는 일 조심스럽기가 깊은 물가에 임하듯, 살얼음을 밟는 듯

반평생 남은 힘 모조리 소모되었네.

예전에 밝던 눈 어두워져 노쇠한 것을 알 수 있으며

일찍이 외우던 경도 잊었으니 내 몸에 병 많음을 깨닫노라.

어쩔 수 없어 새 절에서 살지만

옛 바위틈 집으로 돌아감만 못하네.

그러나 아쉽게도 인끈 푼 뒤에도 신통한 계책 소홀히 하여

맑은 강물 건넌 듯하였는데 아직도 강물 건너지 못했구나.

陵事臨深履薄過　半生餘力盡消磨

舊明眼暗知衰甚　曾誦經忘覺病多

無可奈何新寺裡　不如歸去古岩阿

然嗟解綬疎神計　如渡淸河未渡河

• 「회포를 쓰다」書懷,『허응당집』


　보우대사는 다시 교단을 맡게 되는 일을 고사할 수도 있었을 것이다. 그러나 앞에서도 보았듯이 임금에 대한 그의 한없는 충성심이 자신에게 어떠한 어려움이 있더라도 교단의 일을 다시 맡게 하였을 것이고, 아울러 마음 한쪽 깊은 곳에는 불교를 일으키도록 힘써준 문정왕후의 은혜에 보은하려는 뜻이 숨겨져 있었을 것이다. 또한 근 50년 만에 다시 활기를 찾은 불교 교단을 화합시키고 앞으로 교단을 이끌 훌륭한 인재들을 아끼기 위한 깊은 배려도 함께 작용하였을 것이다. 그런가 하면 앞으로 불교를 이끌어갈 훌륭한 후배들에게 그 일을 시켜 시비에 휩싸이게 하고 앞길을 막느니보다는 자신이 나서서 마지막으로 헌신하여 소임을 다하겠다는 뜻이 보우대사의 마음속에 있었을 것이다.

　즉 이 한 몸 다 바쳐 불교가 일어날 수 있다면 무슨 일이건 감당한다는

위법망구의 대원력으로 그 일에 다시 뛰어든 것이리라. 대사는 임금에게 충성하고 불교를 지키기 위하여 스스로를 버리는 순교의 길을 택하였던 것이다. 이것이 세상 사람들이 알지 못하는 그의 소원이 아니었을까? 보우 대사는 그러한 심정을 다음과 같이 적고 있다.

> 같은 하늘 같은 땅 임금님 은혜 속에서
> 동서로 가고 오는 이 병든 모습.
> 나아가도 선종의 한 끼 밥도 되지 못하고
> 물러선들 어떻게 설악산의 일천 봉우리 구하겠는가.
> 다만 하늘에서 타고난 충성된 뜻 금하기 어려워서
> 나의 지팡이 자취 행장 바꾸지 못하고 있다네.
> 세상 사람들 다른 소원 있음을 몰라
> 얼마나 많은 벼슬아치와 백성들이 나의 어리석음을 비웃겠는가.
> 同天同地聖恩中 東去西來是病容
> 進不爲禪宗一飯 退何求雪嶽千峰
> 只難禁賦天忠意 未易行藏我杖蹤
> 世上不知他有願 幾多黃白笑吾悲
> •「옛날 은거하던 곳을 생각하며」懷舊隱 중에서,『허응당집』

명종 17년 7월에 보우대사는 운부사雲浮寺 사건을 계기로 도대선관교都 大禪官敎 직위를 삭탈 당하였다. 운부사 사건이란 경상도 영천永川 관아에 서 운부사를 보수할 적에, 승려 두 명이 인종仁宗의 태봉*에서 나무를 베었

---

*태봉(胎封): 왕실에서는 아기가 태어나면 태를 소중히 취급하여 전국의 길지를

다 하여 이들을 잡아 가두고 형벌을 가하며 신문하였는데, 그 절의 지음持
音으로 있는 영수靈琇라는 자가 감사에게 서장을 보내 억울함을 호소하였
다. 그런데 도리어 감사가 부당하다며 하옥하여 그날 밤 지음이 죽는 사건
이 발생한 것이다.

이를 계당戒幢이라는 승려가 선종에 보고하니 선종에서는 내수사에 알
리고 내수사는 이를 형조에 보내어 다시 형조가 경상도에 이관하여 진상
을 조사하도록 한 사건이다.

이 사건이 일어나자 사헌부는 선종판사를 추고하여 엄히 다스려야 함을
왕에게 아뢰었으나 윤허를 받지 못하였다. 그러자 성균관 유생들과 사헌
부·사간원·홍문관 관리들이 지속적으로 보우에게 죄줄 것을 아뢰었다.
결국 계당은 남해 외딴 섬으로 유배되고, 보우대사는 도대선관교의 직위
를 삭탈 당하게 되었다. 이어 같은 해 9월에는 병으로 선종판사직을 그만
두었는데, 12월에는 다시 직첩을 환급받았다. 다시 교단을 맡은 것도 감당
하기 어려운 일인데, 주변에서 일어나는 갖가지 일들은 그를 더욱 힘들게
만들었을 것이다.

결국 명종 20년 4월 6일에 불교중흥의 주역이자 후원인이던 문정왕후
가 승하하였다. 마침 보우대사는 회암사를 2년에 걸쳐 새롭게 중수하고 그
해 4월 초에 무차대회**를 성대하게 베풀었다.

무차대회는 고려 태조 때부터 나라에서 시주를 내어 주관하여 시행되었

---

골라 태실을 만들어 안치하는데, 왕으로 즉위하면 태봉으로 봉하고 사방 300보
안의 경지를 보호하도록 하였다.
** 무차대회(無遮大會): 불교의식의 하나로서 승려·속인·남녀노소·귀천의 차별
을 두지 않고 평등하게 일반 대중을 대상으로 부처님의 공덕이 두루 미치도록 잔
치를 베풀고 물품을 골고루 나누어주면서 행하는 법회.

경기도 양주군 회천읍 회암리 천보산 자락에 자리한 회암사지(사적 제 128호).
명종 20년 4월 초 문정왕후가 병으로 승하하자, 유생들은 보우대사가 회암사에서 베푼
무차대회를 그 주원인으로 지목했다. 상소가 빗발치자 마침내 그해 6월
보우대사는 제주 유배 길을 떠나야 했다.

는데, 불교의 보시 정신에 입각하여 주로 민심을 수렴하고 국가와 왕실의 안녕을 축원하는 범국민적인 성격을 가지는 법회였다. 회암사 무차대회도 문정왕후의 후원으로 회암사의 중수를 기념하여 시행되었다. 당시 문정왕후는 명종 18년1563에 순회세자를 잃고 나서 극도로 상심한 나머지 병이 생겼는데, 원기를 회복하지 못하여 여러 달 동안 병환으로 몸이 불편한 상태였다. 그런데 불편한 몸으로 불사를 위하여 목욕재계하고 고기나 생선이 없는 찬으로 밥을 먹는 소식素食을 수일 동안 행하였기 때문에 병세가 악화되어 결국 승하하게 되었다고 『명종실록』은 기록하고 있다. 문정왕후의 병세가 극도로 악화되자, 며칠 동안 베풀어지고 있던 회암사의 무차대회는 4월 5일 중단되었다. 결국 문정왕후 승하의 주원인이 회암사 무차대회로 돌아가게 되었고, 그 대회를 베푼 보우대사가 어떤 지경에 처하였을지는 말하지 않아도 알 수 있을 것이다.

문정왕후는 승하하기 전에 한글로 유언을 적은 교서敎書를 내려 불교에 대한 당부를 잊지 않았다. 문정왕후는 불교가 이단이기는 하지만 조종조부터 있어 왔고, 양종은 나라에서 승려들을 통솔하기 위하여 설립한 것이니 그대로 보존하는 것이 좋겠다는 자신의 견해를 피력하고는 주상이 이단을 금지 억제하더라도 조정에서는 자신의 뜻을 따라 달라고 간곡하게 당부하였다. 그러나 문정왕후가 승하하자마자 바로 온갖 참소가 빗발치듯 재개되었으며, 마침내 모든 죄가 보우대사에게 덮이고 말았다. 사헌부에서는 이렇게 아뢰었다.

보우는 흉패하고 간교한 자로 오래도록 승려의 괴수가 되어 죄복의 설을 널리 떠벌리며 뭇사람의 귀를 미혹시켜 온 세상이 휩쓸려 몰려들게 하였고, 거처와 의복의 참람함이 임금에 가까울 뿐만 아니라 심지어 모든 일을 대궐에 바로 아뢴다 하니 그 방자하고 음흉한 것은 낱낱이 들수 없으며, ……대행대왕대비의 편치 못하심이 재를 베풀어 소素를 행함으로 인하여 망극의 변고에까지 이르렀다고 하니, 나라 백성과 신하의 아픔이 이에 이르러 더욱 극심하거늘 어찌 이 같은 죄인을 하루인들 천지간에 용서할 수 있겠습니까?

• 『명종실록』 권31, 20년 4월 신묘

이어 홍문관 부제학 김귀영金貴榮 등이 차자를 올리고, 또 성균관 진사 이굉李宏 등이 상소하기를 한 달 넘게 하였다. 하지만 명종은 문정왕후가 불사를 위해 소식을 들고 재계하시다 병을 얻어 승하하신 것이 아니라며 윤허하지 않았다. 그러나 삼정승이 재차 치죄할 것을 아뢰자, 보우대사의 승직을 삭탈하여 한양 근처의 사찰에는 출입하지 못하게 함으로써 책벌의 뜻을 보이라고 명하였다.

이 같은 조치에도 불구하고 유생들은 더욱 극렬하게 죽이라는 상소를 계속해서 올렸으며, 마침내 성균관 유생들은 성균관을 비우고 나가버리는 사태로까지 치달았다. 그런가 하면 병조에서는 심지어 대사가 역마를 빼앗아 타고 도망다닌다고 아뢰었다. 『명종실록』에는 당시 보우대사가 설악산으로 도주하여 몸을 숨기고 있는 것으로 적고 있다. 당시 강원도 관찰사 어계선魚季瑄은 "보우가 한계산寒溪山 설악사雪岳寺에 몰래 숨어 있었는데, 어떤 중 하나가 외방에서 급히 당도하여 밀고하자, 보우가 즉시 도주하여 함춘역舍春驛에 이르러 역마를 빼앗아 타고 갔습니다"라고 하는 장계를 올렸다고 하는데, 이러한 언급들은 도무지 신빙성이 없다고 생각된다. 대사가 아무리 죽을 지경에 처하였다고 해도 숨어 도망다닐 정도의 도량이겠는가? 소인배들의 모략일 것이다.

## 퇴계 선생의 만류

보우대사는 퇴계 선생1501~76보다 9세 연하이다. 퇴계 선생이 34세 1534, 중종 29년 때에 과거에 급제하여 외교문서의 검토·교정을 담당하는 승문원承文院 부정자副正字로 벼슬을 시작할 무렵에, 보우대사는 1532년 여름부터 금강산에 들어가 수도에 전념하고 있었다. 이후 보우대사가 10년간의 금강산 수도를 마치고 1548년명종 3년에 문정왕후로부터 봉은사 주지로 임명을 받을 때, 퇴계 선생도 그동안 중앙의 여러 관직들을 두루 거치다가 외직으로 나가기를 희망하여 단양군수로 부임하고 같은 해 다시 풍기군수로 전임하였을 때이다. 당시 풍기군수로 부임한 퇴계 선생은 서원을 공인하고 나라에 널리 알리기 위해 백운동서원에 대한 사액賜額과 국가의 지원을 요청하였다. 이에 따라 1550년에 소수서원이라고 사액되고 아울러 국가의 지원도 받게 되었다. 이어 퇴계 선생은 1552년명종 7년에 성균관 대사성에 임명되었고, 1555년명종 10년에 병으로 사임하고 귀향하였다. 그런데 우연의 일치인지 몰라도 보우대사 역시 1551년에 판선종사 도대선사로 임명되고 퇴계 선생이 귀향한 그 해에 선종판사와 봉은사 주지직을 사임하고 청평사로 물러났다.

두 분은 거의 같은 시기에 성균관 대사성과 판선종사도대선사를 맡아 각자의 교계를 대표하고 있었던 것이다. 퇴계 선생이 성균관의 대사성으로 책임을 맡은 것이 명종 7년이므로, 당시는 배불의 움직임이 조금은 정리가 된 상태였을 것이다. 불교와 유교의 양 교계를 대표하는 두 사람이 만났다는 기록은 없으나 아마도 서로에 대하여는 매우 잘 알고 있었으리라고 생각된다. 『명종실록』에는 명종 9년 9월에 당시 보우대사가 재상들과 함께 조정의 뜰에서 명종에게 예를 행하였다는 기록도 있어 두 분이 서로 만났을 가능성도 배제할 수는 없다.

퇴계 선생은 예안禮安에 내려간 이후에도 조야에 명망이 높아 명종은 계속 관직에 임명하고자 하였으나, 무려 20여 차례나 고사하며 독서와 수양, 저술에만 전념하며 많은 후학을 양성하고 있었다. 그런데 문정왕후의 승하를 계기로 전국의 유림들이 보우대사 치죄를 강력하게 주장하고 있었을 때, 퇴계 선생은 이에 대하여 그들과 다른 견해를 가지고 있었다. 퇴계 선생은 「손자 안도安道에게 답答함」이라는 서간문에서 다음과 같이 말하고 있다,

상산경북 상주의 여러 사람들이 도내에 통문通文을 돌렸는데, 그 글의 대의는 죄지은 중普雨을 목베어야 함을 요청하는 것이었다. 그때마다 주상께서는 지금 빈전殯殿이 계시니 사람을 죽일 수 없다는 핑계로 전교하였으나, 그들은 지금 우제虞祭와 졸곡卒哭을 지냈으니 바로 죄를 처벌할 때임을 주장하면서 온 도가 합하여 복궐伏闕할 계획을 주창한다는 것이었다. 이 뜻이 매우 장하여 이 고을 사람들도 듣고서 소매를 걷어붙이고 일어나는 사람들이 있었다. 그러나 내가 보기에 매우 불가함이 있으므로 이미 회의를 하도록 권유하였고 또 힘껏 중지하기를 타일렀다. 그 중에서 언우彦遇, 사경士敬 같은 무리들은 자못 중지하지 않는 것을 당연하게 여겨서 가슴속이 분하고 답답하면서도 억지로 중지하였다고 한다. 그러나 나의 늙어 잔약한 생각에도 어찌 보는 바가 없어 함부로 남의 충분忠憤에서 일어나는 것을 저지하겠는가! 이런 따위의 일은 당연히 의리로써 결단하여야지 털끝만큼도 객기客氣를 부려서는 안 되는 것이다. 뒷날 당연히 알 것이니, 지금 한마디의 말로 다하기는 어렵다.
•「답안도손을축」答安道孫乙丑,『퇴계선생문집』권40

불교를 없애고 보우를 죽이라는 상소를 대궐 문 밖에 엎드려 임금께 직접 아뢰고자 선동하는 척불론자들에게, 퇴계 선생은 이와 같은 보우대사에 대한 치죄治罪 상소는 해서는 안 될 일이며, 자신이 힘껏 중지하도록 하였다고 적고 있는 것이다. 이는 단순히 한 개인이 자신의 견해를 밝힌 것이 아니라 유림을 대표하는 원로가 적극적으로 앞장서서 막았다는 데에 중요한 의미가 있다.

더구나 퇴계 선생은 자신의 이러한 행동은 의리로 결단한 것임을 밝히고 있다. 이는 뒷날 당연히 알 것이기에 한마디 말로 다하기는 어렵다고 그 구체적인 내용을 밝히지 않고 있으나, 보우대사 치죄에 대하여 분명한 시각을 가지고 행동하였던 것을 알 수 있다. 그러나 이러한 퇴계 선생의 움직임에 대하여 일부 유림들의 비난과 반발이 있었던 것 같다.

앞의 편지에서 운운한 것은 비난을 듣고서 스스로 반성하고 스스로 몸을 닦는 도리의 당연한 것일 뿐, 실로 놀랄 만한 일은 없었다. 이른바 예안 사람이 중지시켰다는 것은 실상 내가 중지시킨 것이니 내 어찌 그 말을 피하겠느냐! 또 제군들도 왜 하필 나를 이상하게 여기는가? 사람마다 제각기 보는 바가 있기 마련이다. 제군들은 제군들대로의 보는 바로써 항소한 것이고, 늙은 나는 나대로의 보는 바로써 고을 사람들을 중지시킨 것인데, 지금 어찌 제각기 한편만을 주장하여 옳고 그름을 다투고 잘잘못을 따지는가?

• 「여안도손」與安道孫, 『퇴계선생문집』권40

사실상 내가 우리 고을 선비들에게 그만두라고 권한 것인데, 내가 어찌 회피하겠소? 두려워하지도 않고 회피하지도 않는 것은 나의 뜻이 본래 정해진 때문이오.

• 「답우경선」答禹景善, 『퇴계선생문집』권31

을축년1565, 명종20 여름에 문정왕후가 죽자, 성균관 유생들 중 보우普雨를 죽이기를 청하여, 성균관을 비우기까지 하였으나 뜻을 이루지 못하였다. 그때 영남의 유생들은 온 도내에 통문通文하여 대궐에 나아가서 소를 올렸다.

선생이 말하기를, "적을 치고 원수를 갚기 위하여 보우를 죽이는 것은 이미 그 죄에 마땅하지 않을 뿐 아니라, 온 도내에 통문하여 서로 이끌고 대궐에 나아가 소를 올리는 것도 온당한 일이 아니다. 대개 사람은 제각기 보는 바가 있는데 어찌 억지로 같게 할 수 있을 것인가. 만일 그 일에 대하여 사람들의 마음이 다 같이 그러하다면 통문을 기다리지 않고도 반드시 일제히 응했을 것이며, 만일 그렇지 않은 것이라면 비록 집집마다 찾아다니면서 달래더라도 응할 사람이 없을 것이다. 그러므로 만일 제가 할 말이 있으면 반드시 스스로 소를 올리는 것이 옳을 것인데, 어찌 한 도내를 통틀어 모아서 서로 이끌고 대궐로 나아간단 말인가" 하였다. 이때에 선성宣城 예안 · 영가永嘉 안동의 선비들은 선생의 이 가르침을 듣고 대궐에 나아가지 않았다. 선생은 또 말하기를, "사방에 통문하여 상소하는 것은 유자儒者가 마땅히 할 일이 아니다" 하였다.

• 「시사를 논함」論時, 『퇴계집』언행록4 유편類編

퇴계 선생은 보우대사에 대한 치죄의 명분과 통문하여 상소하는 방법, 두 가지 모두가 합당하지 않다고 여겼으며, 그것이 본인의 올바른 뜻이고 그러한 행동이 떳떳함을 단호하게 밝히고 있다. 퇴계 선생은 수십 차례 벼슬자리를 고사할 정도로 영화와 이득을 바라지 않고 항상 청렴하였으며, 그 문장과 지조에 있어 만백성의 사표가 되고 있었다. 이러한 퇴계 선생이 여러 가지를 계산해 보고 술수적 차원에서 상소가 과격하다고 해서, 또는 그 이후에 올 사태를 대비하여 반대한 것은 아니었을 것이다. 퇴계 선생의 반대는 자신이 밝히고 있듯이 '의리에 의한 결단'에 따른 것이다. 퇴계 선생은 사직을 청하는 한 상소문에서 '의리'에 대하여 언급하고 있다.

　무엇이 의리이냐 한다면 일의 합당한 것이라 할 수 있습니다. 그렇다면 어리석음을 감추고 벼슬자리를 차지하는 것이 합당하다 할 수 있겠습니까? 병으로 일을 보지 못하면서 녹만 먹는 것을 합당하다 할 수 있겠습니까? 터무니없는 명성으로 세상을 속이고 있는 것을 합당하다 할 수 있겠습니까? 그른 줄을 알면서도 덮어놓고 나아가는 것을 합당하다 할 수 있겠습니까? 직책을 다하지 못하면서도 물러나지 않는 것을 합당하다 할 수 있겠습니까? 이 5가지 합당하지 못한 것을 가지고 본조에서 벼슬하고 있다면 신하된 의리에 있어 어떠하겠습니까? 신이 감히 벼슬에 나아가지 않는 것은 단지 하나의 '의'義라는 글자를 성취해 가려는 것일 뿐인데, 사람들은 도리어 '임금의 명을 지체함은 의리에 합당하지 못한 일이다'고 하니 역시 신이 들은 바와는 다릅니다.

　• 『명종실록』 권24, 13년 8월 기유

위의 상소에서 보듯이 퇴계 선생은 임금의 명命보다도 의리를 중시하였다. 계속된 고사에 대하여 임금의 명을 위배하는 것은 잘못이라고 비난하는 사람도 있었을 것이다. 그러나 퇴계 선생은 임금의 명령과 그러한 비난보다 스스로 생각하여 조금이라도 의리에 합당치 않은 일은 결코 하지 않았던 것이다. 이러한 퇴계 선생의 의리관에서 본다면 보우대사에 대한 치죄 상소도 의리에 합당하지 않았기 때문에 자신이 밝힌 바와 같이 반대하고 만류한 것임이 분명하다. 이러한 결단은 퇴계 선생이 주변 상황에 조금도 좌우되지 않고 자신의 인·의·예·지 본성에 추호의 어긋남도 없이 사유하고 행동하는 진정한 유학자이기에 가능한 것이었다.

퇴계 선생은 이단의 설에 미혹됨은 자기 스스로가 유가의 도에 철두철미하지 못하고 학문이 부족하기 때문이라며, 먼저 상대에 대한 비판보다는 자기성찰을 통하여 유학에 대한 공부를 철저히 해야 한다고 주장하고 있다. 이는 공자가 말하는 군자가 지녀야 할 '반구저기'反求諸己의 태도이다. 공자께서 말씀하시기를, "군자는 자기에게 책임을 추궁하고, 소인은 남에게 추궁한다"子曰 君子求諸己 小人求諸人라고 하셨다. 이단에 빠지는 것은 나의 입장과 안목이 분명치 못함에 기인하는 것이라고 먼저 스스로 반성하는 태도를 취하고 있는 것이다. 진정 군자다운 모습이 아닐 수 없다.

퇴계 선생은 불교를 양명학과 같은 이단으로 보고 가까이 하면 현혹되고 빠져서 유학의 공부가 잘못되는 것을 매우 염려하였다. 유학에만 전념하면 되지 이단의 학설은 몰라도 하등의 문제될 것이 없으며, 심지어는 이단의 잘못된 점을 파악하기 위해서 이단의 교설을 가까이 하다가 오히려 그에 빠지는 누를 초래할 염려가 있음을 자신의 경험을 토대로 경계하고 있었다. 퇴계 선생은 유가와 불가의 차이는 터럭같이 작은 차이에서 나누어지기 때문에 유학에 대하여 확고한 공부와 신념이 부족하면 이단에 빠지게 된다면서, 불교의 교설에 대한 논리적인 비판보다는 유학의 본령을 지키고자 노력하였다.

퇴계 선생은 절을 자주 찾았다. 젊었을 적에는 사찰에서 글을 읽으며 공부를 하였다. 때로는 여럿이 함께 사찰을 찾아 산수를 즐기며 시를 짓기도

하였고 홀로 심신을 편안히 쉬기도 하였다. 그러나 절을 찾아 시를 지을 때에 불교에 관해서는 언급하지 않았다고 한다. 목판본 『퇴계선생문집』경자본에도 승려와 관계되는 시가 겨우 6편 정도일 뿐으로 찾아보기가 힘들다. 그런데 정신문화연구원에서 영인한 필사본 『도산전서』에 보면 15편 정도가 보이고, 글의 내용이 전하지 않는 「일목록」逸目錄에는 스님들과 교유한 시가 무려 80편이나 보이고 있다(이장우; 1999). 이는 문집을 간행할 때 이러한 시들이 많이 누락되었음을 말해준다. 더 중요한 사실은 퇴계 선생이 비록 불교를 이단시하였지만 승려들과의 교유를 꺼리지는 않았음을 단적으로 증명해준다고 하겠다.

　다음은 월란암月瀾庵이라는 암자에 있으면서 쓴 시이다.


　　열다섯 해 전에 여기서 글을 읽었는데
　　붉은 티끌 분주타가 이제 오니 어떠한가.
　　지금 병든 뼈만 남아 신선 비결 아득하고
　　의구한 여울소리 공중에 사무치네.
　　거사는 집을 잊어 늙은 벗이 되어 있고
　　스님과 함께 약속하여 그윽한 암자 세웠어라.
　　그지없는 임의 은혜 누 끼치고 견디리까.
　　높은 이름 얻기 위한 낚시질이 아니라오.


　　번화한 저 거리에 명마名馬를 타지 않고
　　청산에 와 월란스님과 벗하리라.
　　고요한 곳 얻는 것이 마음 편할 방법이니
　　다시는 이 인간엔 팔 꺾음이 없으리라.

• 「월란스님 암자에 머물며 회포를 쓰다 - 2수」寓月瀾僧舍書懷二首,
『퇴계선생문집』 권1


퇴계 선생이 인끈을 풀고 고향으로 돌아와 예전에 공부하던 절을 찾아, 청산 속에서 스님과 벗하며 유유자적한 생활을 즐기겠다는 마음을 읊은 시이다. 이단의 승려와 벗하겠다는 선생의 그 마음은 어떠한 것인가? 도와 벗은 같지 않아도 크게 상관할 것이 없는 것인가? 아니면 도는 달라도 인간 사이의 교유에 있어서는 문제가 되지 않는 것인가?

법련法蓮이라는 스님과의 교유관계를 보면 퇴계 선생의 생각을 어느 정도 짐작할 수도 있으리라는 생각이 든다.


내가 도산의 남쪽 골짜기에 서당을 하나 지으려고 용수사 스님 법련에게 그 일을 맡게 하였다. 법련은 내가 돈을 넉넉하게 주지 못할 것을 알면서도 난색을 표하지 않으니 그 뜻이 가상하다. 나는 세상일에 구속되어 지금 서울로 가야 하는데, 법련은 집 짓는 일로 계림에 다녀오겠다고 한다. 소감을 적어 그에게 주노라.


좁은 땅의 선비와 발우 하나 스님
나의 뜻 이루려 하나 그대는 무엇을 믿는가.
일은 검은 암컷 양을 내놓는 것 같아 비록 쉽지는 않겠지만
정성은 산도 옮길 듯하니 어찌 불가능하겠는가.
바람과 달은 내에 가득하지만 모름지기 주인이 있고
구름과 노을은 눈에 들어와 벗하기 좋구나.
명년에 내 잘못된 걸음 되돌아올 때면

사립문 닫고 샘물 마시며 호젓이 지내니 그 즐거움 어디에 비기리.
　•「법련스님에게 보내다」贈沙門法蓮,『퇴계선생속집』권2


　퇴계 선생은 서당의 건축을 법련이란 스님에게 부탁하였고, 넉넉지 못한 자금이었는데도 기꺼이 응해준 법련에게 감사의 시로 화답하고 있다. 퇴계 선생이 법련이라는 승려를 도를 논하는 벗으로 여긴 것은 아니지만, 집짓는 목수 일을 부탁하고 응하는 서로의 정이 두텁기가 그지없어 보인다. 그러나 어찌 생각이나 했으랴. 퇴계 선생이 서울에 갔다 돌아와 보니 법련은 입적하고 없었다. 퇴계 선생은 그가 지은 도산서당에 거처하며 늘 법련을 잊지 못하였는데, 그의 제자인 조민祖敏이라는 승려가 퇴계 선생에게 찾아왔다.


　조민은 법련스님의 제자이다. 법련이 나를 위해 산사山舍를 지었는데, 내가 일 때문에 서울에 가서 얼마 있다가 돌아오니 법련은 이미 타계하였다. 나는 산사에 있으면서 항상 일념으로 그의 뜻을 애석하게 여겼었다. 지금 조민이 와 시축 한 장을 보이니, 내가 일전에 법련스님에게 준 시였다. 슬퍼하며 절구 한 수를 지어주고 그 뒤에 붙이라고 하다.
　•『퇴계선생전서목록』외편


　지금은 이 사연을 기록한 제목만 전하고 시는 전하지 않는다. 신분과 종교는 다르지만, 서로의 신뢰와 정이 넘치는 진정한 만남이 아닌가. 서로가 배척하는 이교도와의 만남이 결코 아닌 것이다.
　「산인山人 혜충惠忠을 보내며」라는 시의 서문에서 퇴계 선생은 유학자와 이단의 노장, 불교인들이 서로 교유하는 데 특별한 까닭이 있음을 밝히고 있다.

　나는 늘 옛날 명공名公 거유巨儒들이 대개 노장 불교도와 어울려 즐겁게 노는 것을 괴이하게 생각하였다. 또 저 불교라는 것은 오랑캐 법의 하나로, 그들이 살을 태우고 인륜을 끊는 것은 ……명교名敎에 어긋나는 것이다. 그런데 그들을 물리쳐 상종하지 않는 것이 아니라, 도리어 그들을 흠모하기도 하고 숭상하기도 하며 그들을 칭찬하기도 하니, 이 정말 어떻게 된 일인가?

　지금 생각해 보니 거기에도 또한 그럴 만한 이유가 있는 것 같다. 보통 사람들은 세상에 처신함에 있어 속된 것에 골몰하고 명예에 급급하며 바깥만 보고 안은 들여다보지 못한다. 궁窮과 달達로써 높고 낮음을 결정하고, 벼슬과 지위로써 귀하고 천함을 나눈다. 그들의 가슴속은 한참 후끈거리면서 막혀 있다. 이와 같은 사람은 비록 재주와 밝은 학식이 있다고 한들, 마음을 터놓고 말할 수 있겠는가? 비록 더불어 이야기한다고 하여도 반드시 의사소통이 되지 않을 것이다. 노장과 불교를 위하는 이들은 이와 달라서, 반드시 세상에서 구하는 것이 없으며, 자기 자신에게 사사로움이 없으며, 사물의 이해관계 때문에 유혹되거나 정신을 빼앗김이 없으니, 이렇게 되면 그 마음과 생각이 반드시 고요하여 그 지혜와 깨닫는 것을 높이고 밝히는 데에 전념할 수 있을 것이니, 그것은 우리들의 마음에서 대개 말을 하지 않아도 먼저 터득함이 있을 것이다. 그러하거늘 하물며 말을 하는데도 그 뜻을 터득하지 못할 사람이 있겠는가? 옛사람들이 정성을 다하고 버려두지 않는 것은 이러한 이유인 것이다.

　•「산인 혜충을 보내며」送山人惠忠,『퇴계선생전서유집』권1, 외편

퇴계 선생은 비록 성리학자의 입장에서 불교 교리 자체는 이단시하였지만, 스님들과의 교유에 있어서는 결코 사귐을 꺼리지 않았다. 오히려 그들과 더불어 구애받지 않는 허심탄회한 교유관계를 가졌음을 알 수 있다. 그이유는 수행에 있었다. 노장과 불교를 수행하는 자들은 속세의 부귀나 명예에 대하여 사사로운 욕심이 없으므로, 지혜를 밝히는 데 전념할 수 있으니 도에 가까이 갈 수 있다고 여겼기 때문이었다. 그들은 속세에서 구하는것이 없고 사사로움이 없어 사물과의 이해관계로 인하여 유혹되거나 정신을 빼앗김이 없다. 그러므로 마음과 생각이 반드시 고요하기 때문에 명공과 거유들은 그들과 벗하며 흉금을 터놓고 이야기할 수 있었던 것이었다.

## 순교하다

그러나 명종은 결국 그해 6월에 보우대사를 제주로 귀양 보냈다. 당시 율곡이 「요승 보우를 논하는 소」를 지어 올렸는데, "온 나라가 한결같이 분하게 여기어 그 고기를 저며내고자 한다"고 혹독하게 배척하고 있다. 또한 "임금과 윗사람을 속였으며 궁내의 재정을 고갈시키고 백성들에게 환난을 끼쳤으며 교만하고 뽐내어 스스로 잘하는 체하며 자신을 높여 사치하고 참람하니 이 중에 한 가지만 있어도 죄는 용서할 수 없다"고 자신의 견해를 피력한 후 변방으로 귀양 보낼 것을 주장하고 있다. 명종은 아마도 율곡의 상소를 따랐던 것 같다.

『명종실록』에는 보우대사가 제주로 유배 가는 길의 상황을 묘사하면서 다음과 같이 언급하고 아울러 평을 하고 있다. 실록을 쓴 사관들은 "보우가 제주에 유배되어 가는 길에 연도의 수령들이 뒤질세라 공경히 접대하였고 그와 더불어 식사를 같이하는 자까지 있었다. 그 이유인즉 중에게 거슬림을 당하면 임금과 정승에게 죄를 얻을 것이라고 여겼기 때문이다"라

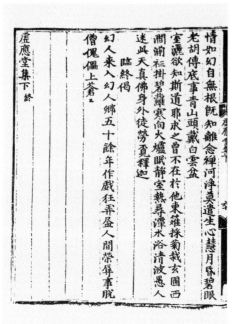

제주에서 입적하기에 앞서 보우대사는 「임종게」를 남겼는데, 이는 『허응당집』에 실려 있다. 그에게 있어 생사는 가고 옴도 없는 일여(一如)한 것으로, 홀가분하게 진여의 자리로 돌아가신(歸眞) 것이다.

고 적고 있다. 그러나 무엇 때문에 귀양 가는 죄인을 고을 수령들이 극진히 대우하였을까? 사관들이 실록에 쓴 이유만으로 이해하기에는 아무래도 무리가 있는 것 같다. 이러한 모습은 귀양 가는 보우대사에 대한 지방 고을 수령들의 자발적인 존경심의 발로는 아니었을까?

제주로 유배 간 이후에도 보우대사를 죽이라는 전국 유생들의 상소가 그해 7월 28일부터 10월 13일까지 거의 하루도 빠지지 않고 빗발쳤으니 이루 다 형용할 수 없을 정도였다. 『명종실록』에 따르면 보우대사는 그해 9월에 제주목사에 임명된 변협邊協에 의해 주살誅殺되었고, 이듬해인 명종 21년 4월에는 마침내 양종과 선과마저 폐지되고 말았다고 한다. 보우대사가 언제 입적했는지는 분명히 알 수 없으나 그해 10월에 상소가 그친 점으로 보아 10월 초쯤인 것 같다.

『명종실록』은 다음과 같이 기록하고 있다.

전교하였다. 양종과 선과는 공론을 따라 혁파하도록 하겠다(처음에 중 보우가 문정왕후를 속여 양종의 선과를 설치하도록 하였는데, 문정왕후가 세상을 떠난 뒤 조정과 유생이 잇따라 상소하고 처벌을 주청하여 제주도에 유배되어, 목사 변협에게 주살 당하였다).

• 『명종실록』 권 32, 21년 4월 신사

보우대사는 다음의 임종게臨終偈를 남겼다.

일없이 허깨비 마을에 와서
오십여 년을 한바탕 놀았구나.
인간사 영욕이야 무슨 상관이랴.
적정한 그 자리로 돌아가느니.
幻人來入幻人郷　五十餘年作戱狂
弄盡人間榮辱事　脫僧傀儡上蒼蒼

• 「임종게」臨終偈, 『허웅당집』

우리 중생들의 생각으로는 귀양 가서 비운으로 생을 마친 보우대사의 임종을 결코 편안하게 입적한 것으로 볼 수 없다. 그러나 대사의 임종게는 그렇지 않았다. 『원각경』에는 "만약 모든 보살이 청정한 원각을 깨우치려면 청정한 깨달음의 마음으로 심성과 더불어 육근과 육진이 모두 허깨비의 조화로 인해 일어난 것임을 깨달아 알아야 한다. 곧 모든 허깨비를 일으켜 허깨비를 제거하고 허깨비를 변화시켜 허깨비 무리들을 열어 허깨비가 일어남을 알게 되므로, 곧 안으로 능히 크게 자비스럽고 몸이 가볍고 편안해진다"若諸菩薩 悟淨圓覺 以淨覺心 知覺心性 及與根塵 皆因幻化 卽起諸幻 以除幻者 變化諸幻 而開幻衆 由起幻故 便能內發 大悲輕安라고 설하고 있다.

이 경문은 보우대사의 임종게를 그대로 설명해주고 있다. 그는 자신의 허깨비 몸으로 이 세상의 온갖 허깨비들을 변화시켜 허깨비 중생들을 깨우치며 50여 년간 속세에서의 소임을 모두 마치고 허깨비 몸을 벗고 크게 자비스럽고 가볍고 편안하게 입적하신 것이다. 대사는 생사를 초탈한 분이다. 중생들에게 있어서 생사는 가장 큰 일이지만, 그에게 있어서 생사는 가고 옴도 없는 일여一如한 것으로, 홀가분하게 진여의 자리로 돌아가신歸眞 것이다.

여기서 또 하나 주목해야 할 점은 임종게는 열반송涅槃頌과는 달리 본인이 임종에 임하여 직접 쓰는 게송이므로『명종실록』에서 언급하는 바와 같이 변협에 의해 졸지에 무참하게 주살되었다는 데는 의심할 여지가 있다는 것이다. 임종게를 쓸 수 있었다면 적어도 자신을 정리할 시간적 여유를 가지고 있었다는 것이다. 그러므로 장살杖殺당했다든지, 주살당했다는 말은 어쩌면 척불론자들이 대사의 순교를 아주 비참하게 묘사하기 위해 지어낸 이야기일지도 모른다.『어우야담』於宇野談에는 변협이 무사들을 시켜 날마다 주먹으로 치게 하여 마침내 권하拳下에 죽었다고 적고 있으며, 이와 관련하여 보우대사가 무사들에게 너희가 나를 쳐서 죽게 함으로써 업보를 받는 것을 내가 원하지 않으니 스스로 곡기를 끊겠다고 하여 입적하였다는 이야기도 구전으로 전해진다.

어쨌든 보우대사는 우리들의 시각에서 보면 유배지인 제주에서 비운에 입적하였으니 순교임에는 틀림없다. 이로써 50년 만에 대사에 의해 중흥된 불교는 하루아침에 다시 암울한 시기로 빠져 버렸다. 그러나 한번 크게 일어난 불교는 조선 불교의 명맥을 이어나가는 굳건한 반석이 되어 훌륭한 종장들을 배출하였을 뿐 아니라, 후일 그들이 불법의 계승과 임진왜란과 같은 국난 타개에도 크게 공헌하는 결과를 낳았다. 그러니 대사의 위법망구의 대원력은 그 어떤 문자로도 형용할 수 없을 만큼 훌륭한 것이라 아니할 수 없다.

현재 서울시의 강남 말죽거리에는 보우대사와 관련된 다음과 같은 일화가 전해진다.

보우가 죽은 뒤 봉은사에 있는 사미승의 꿈에 보우가 나타나서 이르기를 "내가 죽은 뒤 임금이 타는 말로 환생하여 서울로 올라가게 되었으나, 매우 굶주리고 지쳤다. 네가 죽 몇 통을 쑤어 싸릿재 길가에서 먹여다오" 하였다. 그 사미승이 잠에서 깨어나 괴이하게 여겼으나, 서둘러 쌀죽 몇 통을 쑤어 길가에서 기다렸다. 이윽고 수백 마리의 말떼가 모두 그냥 지나가는데 붉은 줄기가 있는 말 한 마리가 뒤늦게 이르러 멈칫 하다가 곧바로 사미승이 있는 데로 와서 말죽 몇 통을 다 마셔버리고 떠났다. 지금 사람들이 그곳을 가리켜 말죽거리라 하니 말죽거리는 싸릿재 북쪽에 있다. 참으로 이해할 수 없는 일이다.

•「진휘속고」震彙續攷,『봉은본말사지』

이 일화 역시 보우대사를 배척하던 자들이 만들어낸 것으로 추정된다. 그가 요승의 업으로 말미암아 축생으로 환생하여 굶주리고 지쳐 사미승의 꿈에 나타났다고 풍자한 점이 그것이다. 그러나 이 이야기를 꾸며낸 자마저도 그의 나라와 임금에 대한 애틋한 충정은 부정할 수 없었나 보다.

제주시 조천읍 조천리에 있는 연북정(戀北亭). 『명종실록』에 따르면 보우대사는
유배 온 해인 명종 20년 9월에 제주목사 변협에 의해 주살되었다고 전한다. 이듬해에는
양종과 선과마저 폐지되었으니, 불교는 하루아침에 다시 암울한 시기로 빠지게 되었다.

## 고승들이 본 보우대사

보우대사의 인품에 대한 평은 부류와 시대에 따라 천차만별이다. 유가의 척불 세력이 아닌 불가 내 고승들이 남긴 대사에 대한 기록은 그리 많지 않다. 그래도 휴정休靜, 유정惟政, 처능處能, 새봉璽封 등 고승들의 기록이 전한다.

먼저 서산대사는 어떻게 보았는가. 다음은 『청허집』에 수록된 「봉은사기」에 언급된 내용으로, 이 글의 주인공인 조계 벽운대사 소요자曹溪 碧雲 大師 逍遙子가 바로 보우대사이다.

눈에는 색色에 집착하지 않은 공부가 있고 귀에는 소리에 집착하지 않은 공부가 있다. 그러므로 반드시 말과 행동과 용모가 한결같았다.

아! 부귀한 것은 사람들이 다 같이 좋아하는 것이면서 또한 사람들이 다 같이 미워하는 것이요, 빈천이란 것은 사람들이 다 같이 싫어하는 것이면서 또한 사람들이 다 같이 좋아하는 것인데, 지금 주인이 빈천한 몸으로 부귀의 이름을 얻은 것은 봉은奉恩 때문이요, 시비가 없는 몸으로 좋아하고 미워함의 이름을 얻은 것 또한 봉은 때문이다. 옛사람이 이르기를, 무늬 있는 표범의 재앙은 가죽 때문이라고 하였는데, 지금의 봉은 역시 주인의 한 가죽이다. 그러나 부귀와 빈천이나 좋아함과 미워함은 주인의 신상에서 허공에 뜬 구름과 같은 것이다.

아! 주인의 이름을 듣는 자는 한갓 주인의 성색聲色의 즐거움만 알고 주인의 성색을 떠난 즐거움은 알지 못하는 것이요, 주인의 몸을 보는 자는 한갓 주인의 성색을 떠난 즐거움만 알고 주인의 성색에 대한 즐거움은 알지 못하는 것이다. 주인은 누구인가? 조계 벽운대사 소요자이다.

황명皇明 가정嘉靖 34년 을묘년1555 여름이다.

서산대사는 봉은사를 방문하여 그가 본 보우대사의 도량을 유려한 문장으로 날카롭게 지적하고 있다. 서산대사의 눈에 비친 보우대사는 성색을 초탈한 깊은 수행이 있어, 말과 행동에 일관됨이 있어 보였다. 서산대사도 당시 보우대사가 배척을 받고 온갖 모략에 시달리게 된 것은 바로 봉은사의 주지를 맡아 불교의 중흥에 앞장섰기 때문이라고 보고 있다. 수도자의 빈천한 몸으로 부귀함을 얻은 것과 본래 시비가 없는 몸인데 불교 배척 세력들의 모략 대상이 된 것이 모두 왕실 최고 능침사인 봉은사 주지직을 맡았기 때문이다. 앞서 보았듯이 대사에게 명성과 부귀는 허깨비 세상에 뜬 구름이니, 대중들은 그의 성색을 떠난 즐거움을 알 길이 없으나, 서산대사는 이를 꿰뚫어 기록하고 있으니 이는 대기大器의 눈빛이 서로 통함이 아니고 무엇이랴!

서산대사가 교종판사를 맡은 것이 을묘년명종 10 여름이었으니, 그가 봉은사를 방문하였을 때 이미 교종판사의 직책을 맡고 있었는지는 확실하지 않다. 그러나 아마도 보우대사가 이때 서산대사에게 교종판사직을 부탁하였거나, 아니면 교종판사에 부임하고 나서 보우를 방문하였거나 두 경우 중 하나였으리라 추측할 수 있다. 보우대사도 서산대사의 도량을 알아보고 몇 달 후인 그해 9월에는 선종판사직마저 그에게 부촉하여 어려운 시기에 선교 양종의 불교 교단을 이끌 후계자로 지목하고 청평사로 들어갔으니, 보우대사가 얼마나 서산대사를 신임하였는지는 언급하지 않아도 알 수 있다. 이후로 서산대사는 명종 12년 겨울까지 2년 남짓 선·교 양종 판사의 직책을 수행하였다. 양종 판사를 맡은 이듬해 봄에는 청평사로 은퇴한 보우대사를 찾아가기도 하였다. 이때 보우대사는 서산대사에게 당시

서산대사 휴정. 문정왕후와 보우대사에 의해
승과가 부활된 첫 해에 승과에 급제한 그는 보우대사의 뒤를 이어
봉은사 주지와 선교 양종 판사를 맡았다.

분분한 종사를 처리하는 도리에 대하여 밤새 이야기해주기도 하였다.

분분한 종문 일 날마다 새로운데
시끄러운 가운데서도 오히려 이 병든 몸 생각하여
긴 강물 백 리 길에 돛대 자리 열어서
첩첩 천 겹 높은 산중에 옛 친구 찾아왔네.
선동의 안개 속에 되살아난 듯한 생각 홀연히 생기고
세향원 봄 따라 느끼는 정 일어나네.
밤새 드린 이야기 비록 보통 도리에 관한 것이나
원컨대 잊지 말고 뼛속 깊이 새겨 두소서.

宗事紛紛日日新　鬧中猶憶病中身
長江百里開帆席　疊嶂千重訪故人
蘇意忽生仙洞霧　感情隨起細香春
通宵贈語雖常道　願勿忘諸刻骨身

• 「찾아온 선종판사에게 보여줌」示禪宗判事見訪, 『허응당집』

그런데 『허응당집』을 다시 찾아내고 연구하던 다카하시 도오루는 자신의 논문인 「허응당집과 보우대사」에서 서산대사의 「봉은사기」를 인용하며 "보우는 궁중에 원하여 선종판사, 봉은사 주지를 사직하고 강원도 춘천의 청평사에 은거하며 주지의 직을 문하인 벽운 소요에게 넘겨주었다. 벽운의 사적을 지금 알 수가 없다"라고 논의하였는데, 이는 보우대사와 벽운 소요를 서로 다른 인물로 잘못 파악했기 때문이다. 보우는 그의 법명이며, 당호인 허응당과 나암은 그의 저술명을 통하여 이미 잘 알려져 있는 호이다. 보우 이외에도 여러 가지 호를 사용하고 있었는데, '소요자'·'원택'圓

澤·'조계'曹溪·'청평산인'淸平山人·'법성산무심도인'法性山無心道人 등이 『허응당집』과 다른 문헌들에 보이고 있다.

　서산대사의 뒤를 이은 한국불교의 거목인 사명당 유정 또한 보우대사와 깊은 인연을 가지고 있었다. 사명대사가 출가하기 전 속세의 스승이던 유촌柳村 황여헌黃汝獻은 보우대사와 흉금을 트고 교유하던 선비였으며, 사명대사의 은사 스님인 신묵信默은 보우대사와 함께 수도하던 도반이었다. 보우대사는 수도 시절부터 신묵스님과 매우 가깝게 지냈는데, 선종판사를 맡고 있었을 때 그를 직지사 주지로 보냈다. 당시 사명대사가 출가한 절이 직지사였으며, 은사로 삼은 분이 바로 이 신묵스님이었다. 사명대사는 이 훌륭한 스승들의 가르침으로 그가 지닌 큰 도량을 펼칠 수 있었던 것으로 생각된다.

　다음은 사명대사가 쓴 『허응당집』의 발문으로 현존하는 자료 중 보우대사에 대한 평가 내용이 전체적인 면에서 가장 잘 언급되어 있는 글이다.


　생각하건대 우리 대사께서는 동방의 외지고 좁은 땅에 태어나시어 백 세 동안 전해지지 못했던 도의 실마리를 열어 오늘날 배우는 자들이 이에 힘입어 그 돌아갈 바를 얻게 하시고 이 도로 하여금 마침내 사라지고 끊어지지 않게 하셨다. 스님이 계시지 않았더라면 영산의 풍류와 소림의 가락이 거의 멈추어 세상에 들려지지 않았을 것이니 돌이켜 보건대, 천고에 홀로 오셨다가 홀로 가신 분이라 하겠다.

　스님의 타고나신 자질은 근고에 홀로 뛰어나 도가 충만한 세계를 홀로 걸어 가셨으며, 인의도덕이 아닌 것은 감히 사람들 앞에서 펴지 않으셨으니, 또한 지극한 분이 아니겠는가?

　사람들과 더불어 가슴을 열어 생각을 펴고 거두어들임에 마치 전광석

사명당 유정. 그는 명종 16년에 시행된 승과에 급제했고,
임진왜란 때는 호국승장으로 활약했다. 보우대사의 순교 8년 뒤인
선조 6년에『허응당집』과 함께『나암잡저』를 간행하였다.

화와 같았고, 사자가 버티고 앉은 듯하여 감히 그 칼날을 당해낼 자가 없었다. 혹 노래하고 응수하며, 길게 읊조리고 짧게 비유하며, 혹 말로 하기도 하고 글로 써서, 두드리는 데에 따라 울리니 그 소리와 음색은 금석에서 우러나오는 듯하여, 말 한마디와 글자 한 자에 이르기까지 사람들의 훈계가 되고 규율이 되지 않는 것이 없었다.

그러나 스님의 글은 산질되어 학자들이 가슴 아파하였는데, 문인 태균이 그 깊숙이 숨겨진 것을 끝까지 찾아 입실하여 그 진수를 얻었으나 더없이 큰 은혜를 갚을 방법이 없어 삼가 유고 약간을 취하여 상·하편으로 하고 마침내 인쇄하여 오래도록 보존할 수 있게 하였다.

거룩하도다, 그 공덕이여!

그러나 그 분이 세상에 울린 시문이 어찌 이에 그치겠는가. 혹 잃어버리기도 하고, 혹 흩어지기도 하여 모두를 다 모을 수 없었으니 모두를 전할 수 없음이 안타까울 따름이다.

아! 이 글은 비록 전해진다 하더라도 만약 이 글을 이해할 만한 사람이 아니라면 어떻게 이 분이 남기신 뜻을 알 수 있겠는가. 옛사람이 천년 후에라도 자운子雲***이라고 한 말이 이에 맞는 말이다. 후세에 이 글을 보는 사람은 절대로 대강대강 보지 말지어다.

만력萬曆 원년元年 사월 일에 한산 이환寒山 離幻 삼가 발문을 쓰다.

• 사명당 유정, 『허응당집』 발문

발문은 사명대사가 서른 살 때인 1573년에 쓴 글로, 유려한 초서체로 실

---

*** 자운(子雲)은 서한(西漢)의 철학자 양웅(楊雄, 기원전 53년~18)의 자(字)이다. 그가 『태현』(太玄)을 찬술하고 난 다음 "천년 후에라도 이 글의 뜻을 알 사람은 나 양웅이어야만 한다"라고 한 고사.

사명당 유정이 쓴 『허응당집』 발문. 초서체로 쓴 이 글은 유정이 당시
불교계를 이끄는 중진의 입장에서 보우대사의 고귀한 발자취를 논한 것이다.

려 있어 살아 꿈틀거리는 듯한 필력을 볼 수 있다. 이 글은 사명대사가 당
시 불교계를 이끄는 중진의 입장에서 보우대사의 고귀한 발자취를 논한
것이다. 사명대사는 명종 16년1561에 승과에 합격하였는데, 이때 그의 나
이 열여덟 살이었다. 그가 대선이 된 이후 서른 살까지의 행적은 상고할 만
한 문헌이 없어 자세히 알 수가 없으나, 그 사이에 보우대사를 만났으리라
생각된다.

  사명대사는 발문에서 우선 보우대사를 명맥이 끊길 뻔한 이 땅의 불교
를 부지한 분으로 평가하고 있다. 어느 누구도 불교의 중흥을 생각할 수조
차 없던 암울한 시기에 보우대사는 앞장서서 모든 핍박을 감내해가며 불
법을 일으켰던 것이다. 또한 그는 도가 충만하여 스님이건 선비건 만나는
모든 사람들에게 흉금을 트고 대하였으며, 그 응대하는 방법에서도 시의

적절하고 다양하게 도를 펼쳐 보인 것으로 기록하고 있다. 생각을 펴고 거두어들이는 것이 전광석화처럼 빨랐다는 기록은 앞서 보았던 그의 고한高閑한 성품과는 상치되지만, 이는 도를 논하는 선사로서의 날카로운 면목을 보여주는 것이라 하겠다. 또한 그의 설법과 시문은 하나하나의 어구가 그대로 가르침이 되었다고 하니, 보우대사의 도량을 가히 짐작할 수 있을 것이다. 아울러 『허응당집』에 수록된 시문은 수많은 글 중에 일부분에 지나지 않는다는 기록으로 보아 보우대사가 대문장가였음을 여실히 알 수 있다.

이밖에 고승들이 남긴 보우대사에 대한 글로 『수월도량공화불사여환빈주몽중문답』의 발문과 서문으로 전해지는 처능處能, 1617~80과 새봉璽封, 1687~1767의 글이 있다. 구체적인 보우대사의 인품이나 업적을 상세히 논하지 않았으나 후세의 스님들이 그를 어떻게 평가하고 있는가는 엿볼 수 있다. 두 스님의 글 중 일부를 소개한다.


대사께서 평생 저술한 문장은 유려하지 않은 것이 없었으며, 세상에 전하는 것이 많았다. 그러나 이 편은 도량의식에 관한 가장 요긴한 것으로 후세에 전하여 왔다. ……후대 사람들에게 보인다면 대사께서 거문고를 타고 음을 감상함이 있다고 말할 것이다. 대사의 휘는 보우요, 나암이 그 법호이다.

특임오년特壬午年, 1642 맹추孟秋 상한上澣에 백곡 사미 처능白谷 沙彌 處能이 삼가 발문을 쓰다.

• 처능, 『수월도량공화불사여환빈주몽중문답』 발문


늦게 한가히 배움을 따라 다행히 『증사원관의궤』證師圓觀儀軌를 얻으

『청허집』표지(왼쪽)와 본문(아래쪽).
서산대사 휴정은『청허집』「봉은사기」에서
봉은사를 방문하여 자신이 본 보우대사의
도량에 대해 유려한 문장으로 남겼다.
그는 성색을 초월한 깊은 수행이 있었던
보우대사가 온갖 배척을 받은 까닭은
봉은사 주지를 맡아 불교 중흥에
앞장섰기 때문임을 꿰뚫어보았다.

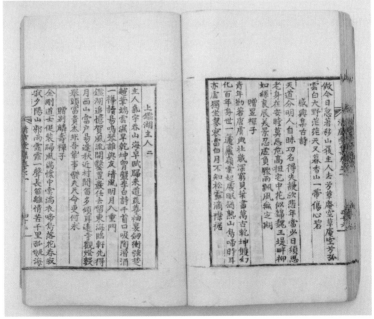

니 바로 법성산法性山 무심도인無心道人이 무하유지향無何有之鄕의 백
운白雲 선자의 물음으로 인하여 불조의 요의를 인용하여 답한 것이다.
이것이 스물여섯 지면 문답의 내용이다. 그리고 원관圓觀, 정관正觀과
더불어 편견, 사견의 두 길을 분명히 지시하여 후에 관하는 자들로 하여
금 영원히 의심이 없게 하였다. 또한 재문齋文의 차제次第를 일일이 분
석하여 후에 불사를 지휘하는 자로 하여금 다시 의심이 없게 하였으니,
증사證師의 의궤儀軌에 있어서 총림叢林의 지남指南이라고 말할 만하
다. 무심도인은 누구인가? 조계 나암화상이다.……

강희康熙 60년 신축辛丑, 1721 윤 8월에 조계사문曹溪沙門 상월 새봉霜
月 璽封이 서문을 쓰다.

• 새봉, 『전각증사원관의궤서』鐫刻證師圓觀儀軌序


약 80년의 간격으로 간행된 두 책의 발문과 서문을 통해 보우대사가 저
술한 『수월도량공화불사여환빈주몽중문답』이 조선불교의 도량의식에 있
어서 지침서의 역할을 해온 것을 알 수 있다. 문답식의 유려한 문장으로 도
량의식에서의 원관과 정관, 편견과 사견을 명확히 분별하여 중생들에게
활연히 깨우침을 열어주는 이 저술은 말하지 않아도 가히 보우대사의 문
장과 도량을 짐작할 수 있게 한다.

또한 경종 1년1721 지환智還이 편찬한 불교의식집인 『천지명양수륙재
의범음산보집』天地冥陽水陸齋儀梵音刪補集 「신입제산종사청」新入諸山宗師
請에서는 '지심귀명례至心歸命禮 허응당 보우대사'를 시작으로 사명당 유
정대사, 부휴 선수대사를 차례로 언급하면서 가장 먼저 보우대사에게 지
극한 마음으로 귀의하고 예경하도록 하고 있으며, 영조 26년1750 함월涵月
선사는 그의 문집인 『천경집』天鏡集의 「환성화상행장」喚醒和尙行狀에 보

우대사를 제주도에서 입적한 세 성인三聖 중의 한 명으로 칭송하고 있다.

"제주도에 불상이 있는데, 그 뒤에 세 성인이 입적한 곳이라고 새겨져
있다. 중국의 정법보살正法菩薩이 이곳에서 열반하시고, 백 년 뒤에 동
국의 허응대사虛應大師가 이곳에서 입적하시고, 그 후에 우리 화상(환
성 지안志安 대사)이 또 이곳에서 입적하셨으니 참으로 기이하고 기이한
일이다."

漢羅島有佛 其背刻云 三聖入寂處 盖中國正法菩薩 涅槃於斯 百年後
東國虛應大師 入滅於斯 其後我和尙 又寂於斯 奇乎奇乎 異哉異哉
•「환성화상행장」喚惺和尙行狀,『천경집』天鏡集 권 하

그리고 해붕海鵬 대사의 문집인『해붕집』海鵬集에는 대사를 부처를 뽑
는 선불장에서 급제하여 과거급제자 명부인 용호방龍虎榜에 이름을 올린
인재이며, 부처와 조사도량에서 하늘이 내시고 땅이 받드는 덕을 지니신
분으로 경찬하고 있다. 문집에는 인도·중국·해동의 여러 고승에 대한 경
찬敬贊이 조선 후기 고승을 중심으로 수록되어 있는데, 보우대사도 벽송
지엄, 부용 영관, 사명 유정, 부휴 선수 등과 함께 칭송되고 있어 조선 후기
에 이르기까지 불교계에서의 보우대사의 위상은 매우 높이 평가되고 있음
을 알 수 있다.

선불장 가운데 마음을 비워 급제하시니
용호방에 오른 문무를 겸비하신 인재요,
부처와 조사 도량 가운데 천지의 덕을 갖추신 분이라 하겠다.

選佛場中 心空及第也

봉은사 부도전에 안치된 봉은탑(봉은사, 2013).
난세에 온몸을 바쳐 불교 중흥을 위해 앞장서다 요승의 누명을 덮어쓰고
마지막까지 비운으로 순교한 보우대사의 일생은
진정한 선지식이요, 구도자이며 선구자의 삶이었다.

此可謂龍虎榜下　文經武緯之才

佛祖場中　天從地備之德者

· 「허응당을 공경하여 찬탄함」敬贊虛應堂,『해붕집』海鵬集


그러나 불교 관련 저술 가운데도 보우대사를 간승奸僧으로 처리한 곳이
있는데, 바로『동국승니록』東國僧尼錄이다.『대일본속장경』에 수록되어
전해지는 이 책은 누구에 의해 편찬되었는지 알 수 없으나 삼국시대부터
조선시대에 이르기까지 66명의 고승과 거사 1명의 전기가 수록되어 있다.
이 책은 여러 자료에 산재하는 기사를 한데 모아 편집한 것으로, 승려가 아
닌 유학자의 저술로 보는 견해도 있다. 이 자료에서는『지봉유설』芝峯類說
과『석담일기』石潭日記에 언급된 보우대사의 자료를 수록하고 있는데, 주
로 중종의 천릉과 관련하여 보우대사가 앞장서서 이를 주도했다는 것과,
그 밖에 보우대사가 글을 잘하여 불경에 통달했으며 제주에 귀양 가서 변
협에게 장살 당했다는 기록을 인용하고 있는 것 외에 특기할 만한 편자의
견해를 따로 언급하고 있지 않다. 따라서 이 내용은『지봉유설』과『석담일
기』의 저자인 이수광李睟光과 이이李珥의 견해로 보아야 할 것이다.

보우대사는 20년도 채 못 되는 기간이지만 스러져가던 불교를 중흥시
켜 양종과 선과를 다시 일으키고 승단의 체제를 정비하여 새로운 활력을
불어넣은 주역이었다. 더욱이 서산, 사명과 같은 훌륭한 인재를 발굴하여
조선불교의 맥을 잇게 한 점은 후세에 길이 칭송받아야 할 것이다. 보우대
사의 지대한 우국충정은 후대에 계승되어 유가의 온갖 배척과 박해에도
불구하고 불교인이 국난 극복의 선두에 설 수 있게 하는 원동력이 되었으
리라 생각된다.

이는 오늘날에도 모든 종교인에게 귀감이 되는 것이다. 특히 난세에 온

몸을 바쳐 불교중흥을 위해 앞장서다 요승의 누명을 덮어쓰고 마지막까지도 비운으로 순교한 보우대사의 일생은 진정한 선지식이요, 구도자이며 선구자의 삶이었다 하겠다.

# 주註

## 금강에 소요하다

1) 「무술년 가을 9월 16일에 임금님께서 삼황오제의 덕을 아울러 지니고 계시는데도 여러 지방의 불사를 허물고 계신다는 소식을 듣고 놀라서 나도 모르게 피눈물이 수건을 적시니, 우리 스님들만이 홀로 지극하신 다스림의 혜택을 입지 못하고 있는 것이 유감이라 울면서 몇 수의 율시를 지어 여러 벗들에게 보여줌」(戊戌之秋九月旣望 驚聞聖上以兼三五之德 燒毀諸方佛寺 不覺血淚沾巾 憾其獨不蒙至治之澤 泣成數律 以示諸友云),『허응당집』상, 11좌

2) 원문은 다음과 같다. "拗體者 唐律之再變 古今作者不多 其法遇律之變處 當下平字換用仄字 欲使語氣奇健不羣 晚唐人喜用此體 鄭詩深得其妙 後無人能繼者 惟金英憲之侶得基法."

## 마음이 바로 부처

1) 이 시의 제목은 다음과 같다.「안 스님은 전에 송광사 주지였는데 호남에서 금강산 장안사로 가다가 병든 나를 찾아와 매우 간절하게 한 마디 말을 구하기에 시운을 따라 시를 지어 보이다」(安師前松廣主人也 自湖南向金剛山之長安寺 曆訪病僧 求一言甚勤 遂虜軸韻以示焉)

2) 이 시의 제목은 다음과 같다.「소설악의 수선사가 당나라 종이 한 폭으로 마음의 진여와 도의 묘함을 읊은 게송을 구하기에 써드리다」(小雪壽禪和 以唐牋片幅 求心眞道妙之頌 書以贈之)

3) 원문은 다음과 같다. "一日有小師 問於病僧曰 和尙常示 我等諸心 皆是虛妄浮心 切莫以爲眞實 未審離此心 別有眞心否 弟子等 竊謂凡諸心心 皆是眞心上之妙用 唯此心外 更無他心也 若離此心 更有眞心 爲我等輩 署垂鞭影 使有取捨 余即以偈示之 曰 汝雖以諸心 曰眞心上用 應非眞妙用 乃其虛影像 若執此影像 以爲眞

實心 影像滅去時 此心之亦滅 何以故如斯 爲汝聊說破 妄心自無形 攬塵而成體 正
如鏡中像 又如水上波 迷水若執波 波寧心即滅 迷鏡執彼像 像滅心即亡 知濕性不壞
了鏡體常明 波浪本自空 影像自歸寂 故知佛鏡智 徧界而徧空 凡夫妄身心 如影亦如
像 是執末爲本 認妄以爲眞 此所謂不了 認賊爲其子 阿難執此心 如來被訶斥 若妄
心起時 都莫隨他去 若能如是修 臨終得自在 天上與人間 隨願而往生", 「示小師法
語」, 『나암잡저』

4) 원문은 다음과 같다. "又問學人 未遇宗師 迷不覺悟之時 悟從何隱 忽遇善友 開示
得悟之後 迷從何去 以其迷悟而有得失之名乎 曰 三界無別法 但是一心作 一切諸妄
境 皆因動念生 念若不自生 諸境即無體 返窮其動念 念亦自空寂 即知迷無失 又知
悟無得 是無住眞心 不增亦不滅 譬如演若達 迷頭自狂走 忽然狂得歇 頭非因外來
縱不得歇狂 何曾有遺失", 「示小師法語」

5) 『능엄경』, 제4권.

6) 원문은 다음과 같다. "又曰 和尙常示 衆云汝等諸人 何不頓悟 一念不生 即名爲佛
乎 若悟此旨 不從地位漸次 便登妙覺去也 凡諸聞者 無不驚愕 自生障碍云 博地凡
夫 無始所造業果 大如須彌 如何但了一心 便斷煩惱 即得佛果 此眞詆人魔說也 耳
不堪聞 心可信受耶 曾不采聽 返生疑毁 伏望 莫更此說以招人謗 曰 若執心境實 人
法情不空 縱經萬劫修 終不證道果 若頓了無我 深達其物虛 能所即俱消 何憂其不證
昔有二比丘 同時犯淫殺 維摩一言中 俱得悟無生 何況信佛法 諦了自心者 業雖大如
山 如日消霜雪", 「示小師法語」, 『나암잡저』

7) 원문은 다음과 같다. "又問既然如是 所造殺盜淫妄一切諸業 其不修斷乎 曰 諦觀殺
與妄 從一心上起 當處自便寂 何須更修斷 是以了一心 自然境如幻 何故得如斯 爲
汝而更示 彼諸一切法 皆從心上生 心既本無形 法何曾有相", 「示小師法語」, 『나암
잡저』

8) 원문은 다음과 같다. "問吾等每因師說已 能得知眞心 以靈知寂照爲心 不空無住爲
體 離幻實相爲相矣 不知妄心亦有體相否 若無則已矣 如有則妄心以何爲心 以何爲
體 以何爲相也 曰 凡夫之人諸妄心 六塵緣影以爲心 無相空空而作體 擧緣思慮用爲
相 此汝緣慮能知心 元無自體是前塵 境來有生境去寂 隨境有無虛出入 因境起心全
境心 因心知境全心境 各自無性但因緣 因緣之法本無實 正如鏡上形非形 又如水中
月非月 喜汝學道有分明 詳問眞心與妄心", 「示小師法語」, 『나암잡저』

9) 이 시의 제목은 다음과 같다. 「지헌만덕 스님이 청평사 조실로 나를 찾아와 존심
양성의 요체와 대중이 임하여 일을 처리하는 방법을 구하기에 게송을 지어 보이
다」(智軒萬德 訪余於淸平之祖室 求存心養性之要 及臨衆處事之方 以偈示之)

10) 원문은 다음과 같다. "問卽心是佛 心佛無相 正同虛空 實非見聞之所及 奈何敎中
多有稱見道見佛之說也 曰 約本智發明 斯假稱名見 非眼所能覩 唯證乃自知 若能
離斷常 卽見自身淸 見身淸淨處 卽見佛淸淨 乃至見諸法 悉皆非他物 無非是諸佛
亦無非是法 何故理如斯 以一心普徧 若或一微塵 云不是佛者 卽成翳理障 不入普
眼門 又將假名論 更爲汝等示 如來法爲身 但應觀法性 法性非所見 又非情所知 所
謂法性者 陰陽四時是 此卽諸佛身 無非第一義 倘能知此理 是名爲見佛 佛道非二
物 以一隅知三 問旣心佛無二 心外無佛 見佛是心 則何故經中 說化佛來現 以應群
機乎 曰 如來淨法身 無出亦無沒 但從眞起化 示現有往還 故不來相來 亦不示相示
不來而卽來 如水月頓呈 不示而卽示 似行雲忽現 是皆心感現 豈佛眞遣化 衆生機
若熟 自心見佛臨 是知淨業成 開眼見佛身 亦知惡業熟 合眼見地獄 比如福德者 執
礫礫變金 貧窮無福兒 遇金金變礫 礫非金金生 金非礫礫現 金生是心生 礫現是心
現 轉變皆自我 金礫何從生 汝諸懷疑徒 急須知斯旨", 『나암잡저』

## 다시 일으킨 불교

1) 이 시의 제목 원문은 「歲在戊申秋九月 予自嶺北移向湖南 路纏風恙 曆入天寶山檜
巖寺之遮眼堂 臥經數月 意謂必逝 忽蒙天扶 僅得餘生 聞奉恩明谷師祖 以老病辭欲
使予代之云 卽述一偈以露病懷」이다.

2) 이 시의 제목은 다음과 같다. 「나는 본래 타고난 성품이 소탈하고 게으르고 또한
병든 몸이기에 깊은 곳에 몸을 숨겨 사람들 앞에 나가지 아니하려고 하였는데,
한 해를 넘겨 금년 이달(무신년 12월) 보름날에 왕후의 자지를 엎드려 받고 부
름을 받아 이름난 명찰인 봉은사의 주지로 부임하게 되었다. 이것은 사실 나의
뜻이 아니기에 처음에는 담장을 넘어 도망치려 하다가 다시 또 귀를 씻고 못 들
은 것으로 치부하려 하면서 백 가지 천 가지 계교를 견주어 보면서 우물우물 주
저하여 결정을 내리지 못하는 동안에 갑자기 발길을 재촉하는 중사의 독촉을 받
고 끝내 사양하지 못하고 마침내 여기에 이르렀다. 그리하여 욕되게도 선원에
들어오는 예를 행하게 되었으니 이 어찌 윗 현인들에게 부끄러운 일이 아니겠는
가? 이에 부족하나마 한 수 계송을 읊어 대중들에게 보인다」(予本賦性疎悚頁且
病想料岩藏 不出人前 越今年今月十五日 - 戊申十二月也 伏蒙 慈旨 徵赴奉恩名利
事實非意 初欲踰墻又欲洗耳 而擬百千計埴呂未決 吻被 中使催錫辭 不終獲遂到于
此 贊行入院之禮 豈無愧於上賢 聊吟一偈以示大衆)

3) 이 시의 제목 원문은 「入院後翌日夜五更 三鼓懷香登殿祝釐禮竟 有僧出請開堂法
要 以偈示之」이다.

4) 이 시의 제목 원문은 「惟我 聖上卽位之七年 辛亥夏六月日 以堯仁舜孝 追祖宗之 法典 復禪敎之兩宗 彭臣僧普雨爲禪宗判事 僧守眞爲敎宗判事 因給宗印 臣不勝且 驚且感且顚且倒 罔知攸賀 謹拾山語汗成二偈」이다.

5) 이 시의 제목 원문은 「有朋以直言諍余曰 吾聞居上人之門者 某某者 愚而詐衒者也 某某者 賢而直諒者也 其愚者師未嘗爲罪 其賢者師未嘗爲賞 而又況某僧者 爲媛之 甚者 訴師於儒不驕欲殺 而師無報直之心何也 凡林下人以知道指目於上人 而知道 者可如是乎 古云君子之於人也 不可不擇 豈古之君子不若今之上人歟 吾爲上人笑 且疑也無乃無牌而然耶 余笑吟一律以示客」이다.

## 하나의 철학

1) 원문은 다음과 같다.

「聞兩宗大選輩 互起高下之情 將作胡越之隔 云卽賦長篇一偈以寄焉」

惟我大迦文 道極無後有 上從兜史天 下降南州阜 說法會靈山 箕花示末後 人天百萬
徒 如聾皆罔措

唯老迦葉波 破顏獨微笑 涅槃正法藏 從此有所付 佛以靑蓮眸 告大衆中報 禪燈點葉
心 敎海瀉難口

四七與二三 轉轉相傳妙 皆以本師言 破除生死路 因言證道眞 見法明宗旨 豈離見聞
緣 向外求佛髓

禪是諸佛心 敎是諸佛語 心口必不違 禪敎何曾二 但隨名相差 似有深淺異 聖人對機
宜 說敎乃無紀

達士契忘言 卽與諸祖友 何於一法中 有是有不是 局之無不迷 通之無不悟 迷悟在於
人 不在語默裡

若得一念亡 心亦無處討 何今兩宗僧 俱不知斯道 競起夢中情 以我非彼坌 此豈達人
歟 可謂眞俗士

好勝心不除 貢高情不恥 隔江起干戈 對面相疾視 氷炭激于衷 憤怒浮雙耳 淚不殊蠻
夷 和不同水乳

義不及同年 情不如兄弟 僧伽意自虧 福田名自蔽 僧事旣如斯 佛法將何恃 哀淚庚秋
風 陟踊綸巾倒

讐讐汝等流 何不知天敎 天敎再丁寧 以和無相臨 天恩如許深 敢不懷恐懼 冀速改前
非 莫作高下計

自高人笑痴 自卑人伏慧 高下情不生 自然登實際 百里隔山雲 爲汝吟一偈 吟餘忽回
頭 月出千峯霽

264

# 연보

○ 보우대사 행적:『허응당집』『나암잡저』자료
• 불교 관련 기사:『조선왕조실록』『민족문화대백과사전』 및 기타 자료

| 1세 | 1510 庚午<br>(중종5) | ○ 보우대사 출생하다<br>• 3월, 흥천사(興天寺) 5층 사리탑이 불타다. 폐사(廢寺)의 사전(寺田)을 향교에 귀속시키다<br>• 4월, 중학유생(中學儒生)들이 배불(排佛)을 선언하고 흥천사를 불태우다 |
|---|---|---|
| 2세 | 1511 辛未<br>(중종6) | • 5월, 일본국왕사(日本國王使) 승(僧) 붕중(弸中)이 오다<br>• 봄, 벽송지엄(碧松智嚴)이 2년간 용문산에 머물다 |
| 3세 | 1512 壬申<br>(중종7) | • 6월, 흥천사, 흥덕사의 대종으로 총통(銃筒)을 주조하게 하였으나 정현왕후가 그릇을 만든다고 내수사로 옮기다<br>• 12월, 경주 서로(西路)의 동불상으로 군기(軍器)를 주조하다 |
| 4세 | 1513 癸酉<br>(중종8) | • 9월, 임금이 조강에서 도첩승(度牒僧)을 군액(軍額)에 편입하게 하였고, 도승(度僧)을 허가하지 말도록 한 지 이미 오래니, 도첩(度牒)이 사라져 없어짐을 보게 될 것이라고 하였다 |
| 5세 | 1514 甲戌<br>(중종9) | • 3월, 각도의 사찰 재건을 금하다. 중들을 군인으로 충당하여 군액(軍額)을 확보하다<br>• 8월, 원각사 재목을 제영(諸營) 영선(營繕)에 사용하다<br>• 불국사 극락전 벽화를 완성하다 |
| 6세 | 1515 乙亥<br>(중종10) | • 3월, 호조와 사헌부에서, 선·교 양종의 위전(位田)을 추쇄(推刷)하여 국용에 충당할 것을 아뢰었는데, 윤허하지 않았다 |
| 7세 | 1516 丙子<br>(중종11) | • 11월, 사찰의 노비와 전지를 속공(屬公)시키다<br>• 12월, 경국대전 도첩승(度牒僧) 조항을 삭제하다<br>• 실상사 서진암 나한석상을 세우다 |

| 8세 | 1517 丁丑<br>(중종12) | ○ 출가하다 |
|---|---|---|
| 9세 | 1518 戊寅<br>(중종13) | • 9월, 소격서(昭格署)를 폐하고 소장 그림을 도화서에 이장하다 |
| 10세 | 1519 己卯<br>(중종14) | • 7월, 소격서와 사찰의 놋그릇을 수거하여 활자를 주조하다 |
| 11세 | 1520 庚辰<br>(중종15) | • 3월, 서산대사 출생하다<br>• 4월, 승려 학조(學祖)가 해인사 대장경 1부를 간행하다<br>• 벽송사(碧松寺) 3층 석탑을 세우다 |
| 12세 | 1521 辛巳<br>(중종16) | • 4월, 일본국 사신 승(僧) 역종(易宗) 서당(西堂)이 오다 |
| 13세 | 1522 壬午<br>(중종17) | • 12월, 소격서를 다시 설치하다 |
| 14세 | 1523 癸未<br>(중종18) | •『묘법연화경』언해를 간행하다 |
| 15세 | 1524 甲申<br>(중종19) | ○ 스승을 따라 금강산 마하연(摩訶衍)에 가서 비구계를 받다 |
| 19세 | 1528 戊子<br>(중종23) | • 수덕사 대웅전 단청을 보수하다 |
| 21세 | 1530 庚寅<br>(중종25) | • 5월, 성불사 응진전을 세우다 |
| 22세 | 1531 辛卯<br>(중종26) | • 3월, 순천 송광사에서 청량답순종심요법문(淸凉答順宗心要法門)을 개<br>간하다 |
| 23세 | 1532 壬辰<br>(중종27) | • 보성사 시왕명부사자도(十王冥府使者圖)를 완성하다 |
| 24세 | 1533 癸巳<br>(중종28) | ○ 봄, 금강산에 들어가 오현봉 이암굴(利巖窟)에 거처를 정하다<br>○ 이후 금강산의 여러 사찰과 암자를 전전하거나 초가 암자를 지어 지내<br>기도 하였다 |
| 25세 | 1534 甲午<br>(중종29) | ○ 가을, 금강산에서 오도하다<br>• 11월, 벽송(壁松) 지엄(智嚴) 선사 입적하다 |
| 26세 | 1535 乙未<br>(중종30) | • 8월, 승려 금단의 절목을 수립하여 자원 부역승에게 호패를 주다 |
| 27세 | 1536 丙申<br>(중종31) | • 4월, 흥천사 종을 숭례문으로, 원각사 종을 흥인문으로 옮기다 |

| 28세 | 1537 丁酉 (중종32) | ○ 겨울, 상진(尙震)이 양식을 보내다 |
| | | • 2월, 도성에 횡행하는 요승(妖僧), 요무(妖巫)를 적발 치죄하고 도성내 무가(巫家)와 사찰을 철훼하다 |

28세　1537 丁酉　○ 겨울, 상진(尙震)이 양식을 보내다
　　　(중종32)　• 2월, 도성에 횡행하는 요승(妖僧), 요무(妖巫)를 적발 치죄하고 도성내 무가(巫家)와 사찰을 철훼하다

29세　1538 戊戌　○ 여름. 금강산에서 6년간 수도 후 하산하여 용문산 죽장암 등을 유각하다
　　　(중종33)　• 9월 16일, 『동국여지승람』에 기록되지 않은 사찰을 철거하다

30세　1539 己亥　○ 봄. 무술년 법난을 만나 다시 금강산에 들어가다
　　　(중종34)　• 2월, 전라도 승려 3,000여 명을 군적에 올리다
　　　　　　　• 6월, 등록된 사찰 이외의 수리와 신설을 금하다

31세　1540 庚子　○ 이암굴에 머물며 보림하다
　　　(중종35)

32세　1541 辛丑　• 6월, 흥인문의 원각사 종을 훈련원으로, 숭례문의 흥천사 종을 군자감으로 옮기게 하다
　　　(중종36)

33세　1542 壬寅　○ 3월, 금강에서 하산하다
　　　(중종37)　○ 석왕사 은선암(隱仙庵)에서 하안거하다

34세　1543 癸卯　○ 함흥 반룡산 초당(草堂)에 머물다
　　　(중종37)　• 부휴(浮休)스님 선수(善修) 태어남

35세　1544 甲辰　○ 용문노사 입적하다
　　　(중종37)　• 사명(四溟)대사 출생하다
　　　　　　　• 동화사 금당암 동탑을 중수하다

36세　1545 乙巳　○ 함흥 백운산 국계암(掬溪庵)에 머물다
　　　(중종37)　○ 송인(宋寅)이 남화경을 보내옴

37세　1546 丙午　○ 정만종(鄭萬宗)과 교유하다
　　　(명종1)

38세　1547 丁未　○ 윤춘년(尹春年)과 교유하다
　　　(명종2)

39세　1548 戊申　○ 9월, 영북(嶺北)에서 호남(湖南)으로 옮겨가다가 길에서 풍병이 들어
　　　(명종3)　천보산 회암사(檜巖寺) 차안당(遮眼堂)에서 몇 달을 보내다(이때 봉은사 주지였던 명곡(明谷) 사조(師祖)가 노환으로 사임하게 되자 후임 주지로 정해지다)
　　　　　　　○ 12월 15일, 봉은사 주지로 임명하는 문정왕후(文定王后)의 자지(慈旨)를 받아 부임하다

40세　1549 己酉　• 5월 2일, 정만종 죽다
　　　(명종4)　• 9월, 사찰의 총령(總領)을 다시 두고 잡인의 출입을 금하다
　　　　　　　• 11월, 인수궁을 정업원 옛 터에 짓다

| 41세 | 1550 庚戌 (명종5) | • 12월 5일, 문정왕후가 비망기(備忘記)를 내려 양종과 승과, 도승제 실시를 명하다 |
|---|---|---|

41세　1550 庚戌　• 12월 5일, 문정왕후가 비망기(備忘記)를 내려 양종과 승과, 도승제 실시
　　　　(명종5)　　　를 명하다

42세　1551 辛亥　○ 6월 25일, 판선종사도대선사 봉은사 주지로 임명되다
　　　　(명종6)　　○ 7월 17일, 종인(宗印)을 받고 광화문 밖에서 사은숙배(謝恩肅拜)하다
　　　　　　　　　○ 12월, 청계사(淸溪寺)를 찾아가 승과를 준비하기 위하여 『전등록』(傳燈錄)을 공부하는 승려들을 격려하다

43세　1552 壬子　○ 2월, 용문사를 찾아 스승의 방장실에 절하다
　　　　(명종7)　　○ 봄, 승과에 급제한 대선들을 사찰에 주지로 보내다
　　　　　　　　　○ 가을, 금강산 마하연, 유점사, 장안사를 방문하다
　　　　　　　　　• 1월, 지음과 주지를 차견(差遣)할 395개 사찰을 정하다
　　　　　　　　　• 2월, 새로 중이 됨을 금하다
　　　　　　　　　• 4월, 정수사(淨水寺) 법당을 3차 중창하다
　　　　　　　　　• 4월 12일, 승과가 부활되어 처음 실시되었다. 이때 휴정(休靜)이 급제하였다
　　　　　　　　　• 8월 17일, 도승제가 부활되어 시경승 462명에게 도첩을 지급하다
　　　　　　　　　• 10월, 양종 시경의 액(額)을 정하다
　　　　　　　　　• 개성 대흥사에 600근의 종을 만들다

44세　1553 癸丑　○ 7월, 습증으로 휴가를 받아 강원도 고성 양진촌(養珍村)의 온천에서 휴양하다
　　　　(명종8)　　• 1월 19일, 예조에서 양종의 시경승 2,580명에게 도첩을 지급하다
　　　　　　　　　• 윤3월 6일, 교종판사 수진(守眞)을 체직(遞職)시키다. 후임 교종판사는 의상(義祥)이 맡다
　　　　　　　　　• 문정왕후 수렴청정에서 물러나다

45세　1554 甲寅　○ 9월 24일, 재상들과 함께 조정의 뜰에서 왕에게 예배하다
　　　　(명종9)　　○ 10월 15일, 선종 초시를 시행하다(양종에서 각 100인을 선발)

46세　1555 乙卯　○ 5월, 왜변 소식을 듣고 깊은 병이 되다
　　　　(명종10)　○ 9월 16일, 선종판사 봉은사 주지를 사임하고 청평사로 떠나다(이후 명종 10년 여름에 부임하여 교종판사를 맡고 있던 휴정이 다시 선종판사를 맡아 양종을 주관하였다)
　　　　　　　　　○ 황여헌이 시를 보내오다
　　　　　　　　　• 5월, 을묘왜변이 일어나다. 전라, 청홍도의 승려로 승군을 조직하여 전선에 보내다
　　　　　　　　　• 승과가 실시되다

47세　1556 丙辰　○ 교종판사가 찾아오다
　　　　(명종11)　○ 선종판사가 찾아오다
　　　　　　　　　○ 가을, 낙산사 보타굴(補陀窟)에서 축수하다
　　　　　　　　　• 2월, 승도의 잡역을 면제하다

- 5월, 도첩이 있는 승려의 부역을 금하다
- 10월, 폐사의 종으로 총통을 주조하다

| | | |
|---|---|---|
| 48세 | 1557 丁巳 (명종12) | ○ 청평사를 중창하다 |

48세 1557 丁巳 ○ 청평사를 중창하다
(명종12) ○ 봄, 낙산사에서 축수하다
- 가을, 휴정이 청평사를 방문하고, 겨울에 양종 판사직을 사임하다

49세 1558 戊午 ○ 여름, 청평사에 소장되어 있던 공민왕의 제석탱(帝釋幀)과 중종(中宗)
(명종13) 조에 승지였던 유공(庾公)이 그린 미타탱(彌陀幀)을 중수하고 기문을 쓰다
○ 제자 쌍순(雙淳)이 급제하여 쌍봉사(雙峰寺) 주지로 부임하다
○ 정취선(鄭醉仙)과 교유하다
- 승과가 실시되다

50세 1559 己未 ○ 8월, 송도 복령사의 사성(四聖)을 봉은사로 옮겨 점안하다
(명종14) ○ 겨울, 낙산사에서 축수하다
- 4월, 정릉의 천릉을 전교하다

51세 1560 庚申 ○ 봄, 오대산 상원사에서 축수하다
(명종15) - 4월, 선종판사 일추(一椎)가 예조에 무례하여 양사가 집요하게 논핵하였으나 상이 끝까지 치죄하지 않았다

52세 1561 辛酉 - 승과가 실시되다. 유정(惟政)이 급제하다
(명종16) - 11월 10일, 예조가 양종이 복립된 후 도첩을 받은 자가 5,000여 명에 이른다고 보고하다

53세 1562 壬戌 ○ 7월, 도대선교(都大禪敎)의 직위를 삭탈 당하다
(명종17) ○ 9월 29일, 병으로 선종판사의 직을 내놓다
○ 용문산 세심정(洗心亭)으로 물러나 머물다
○ 12월 19일, 선종판사의 직첩을 다시 받다
○ 청평사에서 시왕예수재(十王預修齋)를 지내고 지장시왕도(地藏十王
圖, 일본 광명사 소장)를 점안하다
- 9월 4일, 정릉 천릉을 마치고 봉은사를 수도산으로 옮기다

54세 1563 癸亥 ○ 회암사 중수공사를 시작하다
(명종18) - 9월 20일, 순회세자 죽다
- 11월, 홍인문, 숭례문의 대종을 내수사에 보내 사원에 돌려주다

55세 1564 甲子 ○ 순회세자 소상재(小祥齋)를 지내다
(명종19) ○ 청평사에서 수륙재(水陸齋)를 지내다
- 승과가 실시되다
- 휴정이 『선가귀감』(禪家龜鑑)을 간행하다
- 2월, 상진 죽다

| 56세 | 1565 乙丑 | ○ 정월, 회암사를 중수하고 석가·미륵·약사·미타 탱화를 각 금화 50 |
|---|---|---|
| | (명종20) | 탱, 채색 50탱씩 총 400탱을 점안하다 |
| | | ○ 4월 5일, 회암사에서 무차대회(無遮大會)를 베풀다 |
| | | ○ 4월 25일, 승직을 삭탈 당하고 서울 근처 사찰에 출입을 금하는 명을 받다 |
| | | ○ 6월 25일, 제주로 귀양 가다 |
| | | ○ 10월 초경 유배지에서 세수 56세, 법랍 49년으로 순교하다(10월까지는 |
| | | 보우대사에 대한 상소가 계속되고 있어 아마도 10월 초인 듯하다. 또한 |
| | | 명종 21년 4월 20일자『명종실록』에는 입적 시기는 밝히지 않고 다만 제 |
| | | 주목사 변협에 의해 주살(誅殺)되었다고 사신이 기록하고 있다) |
| | | • 4월 5일, 문정왕후의 병세가 위독하자 왕이 내관을 보내어 중지시키다 |
| | | • 4월 6일, 문정왕후가 승하하다 |
| | | • 팔도 유생들이 운집하여 보우대사를 죽이라고 상소함 |

**이후 관련 기사**

| 1566 丙寅 | • 4월 20일, 양종과 선과가 폐지되다 |
|---|---|
| (명종21) | |
| 1573 癸酉 | • 4월,『허응당집』이 간행되다(문인 태균〔太均〕 편차, 한산 이환〔寒山離幻〕 발문) |
| (선조6) | (나암잡저도 비슷한 시기에 간행 추정됨, 문인 태균 간록, 대선사 천령〔天岺〕 서, |
| | 중덕 유정〔惟政〕 교정) |
| 1637 丁丑 | •『권념요록』이 간행되다(구례 화엄사에서 개간〔開刊〕하였으며, 이후『염불보 |
| (인조15) | 권문』 등에 실려 해인사 등에서 간행되었음) |
| 1642 壬午 | •『수월도량공화불사여환빈주몽중문답』이 간행되다(해인사에서 지선〔智禪〕 |
| (인조20) | 간행, 이후 1721년 상월〔霜月〕이 화엄사에서 간행함) |
| 1959 己亥 | 다카하시 도오루(高橋亨), 일본 나고야 시 호사문고(蓬左文庫)에서『허응당집』 |
| | 을 발견 |

# 참고문헌

## 1차문헌

### • 보우대사 저술

『허응당집』(虛應堂集)

『나암잡저』(懶庵雜著)

『수월도량공화불사여환빈주몽중문답』(水月道場空花佛事如幻賓主夢中問答)

『권념요록』(勸念要錄)

### • 사서 및 단행본

『경국대전』(經國大典)

『봉은본말사지』(奉恩本末寺誌)

『소요당집』(逍遙堂集)

『송고승전』(宋高僧傳)

『어우야담』(於于野談)

『율곡집』(栗谷集)

『조선왕조실록』(朝鮮王朝實錄)(『명종실록』)

『천경집』(天鏡集)

『천지명양수륙재의범음산보집』(天地冥陽水陸齋儀梵音刪補集)

『청허집』(淸虛集)

『퇴계집』(退溪集)

『해붕집』(海鵬集)

『수심결』(修心訣)

『동인시화』(東人詩話)

『이암선생유고』(頤庵先生遺稿)

『동국승니록』(東國僧尼錄)

『한국불교전서』(韓國佛敎全書), 동국대 출판부

## 2차문헌

### • 단행본

高橋亨, 『허응당집 해제』, 일본 천리대학, 1959

보우사상연구회 편, 『허응당 보우대사 연구』, 불사리탑, 1993

박영기, 『순교자 보우선사』, 한길사, 2000

동국역경원, 『大覺國師文集. 虛應堂集. 懶庵雜著』, 동국대학교, 2001

이종찬 옮김, 『신역 허응당집』, 불사리탑, 2004

배규범 옮김, 『허응당집』, 지만지, 2008

박영기, 『허응당 보우』, 한길사, 2013

### • 논문

高橋亨, 「허응당집 과 보우대사」, 『조선학보』 14집, 조선학회, 1959

김잉석, 「위인 허응보우대사」, 『황의돈선생 고희기념사학논총』, 동국사학회, 1960

황패강, 「나암 보우와 왕랑반혼전」, 『국어국문학』 42,43합, 1969

윤병식, 「보우대사연구 생애와 업적」, 동국대학교, 석사학위논문, 1971

김동화 외, 「보우대사의 불교사상」, 『호국대성사명대사연구』, 불교문화연구소, 1971

서윤길, 「보우대사의 사상」, 『한국불교사상사』 원광대학교, 1974

김용조, 「허응당 보우의 불교부흥운동」, 『논문집(인문계)』 제25집, 경상대학교, 1986

석법장, 「보우의 유불조화론에 대한 연구」, 『논단석림』 22, 동국대학교 석림회, 1989

이종익, 「보우대사의 중흥불사」, 『불교학보』 27, 1990

이종찬, 「허응당의 시」, 『현대불교신서』 66, 1991

황패강, 「보우론」, 『한국문학작가론』, 현대문학, 1991

박영기, 「보우대사의 유불사상」, 『백련불교논집』 1, 백련불교문화재단, 1991

황패강, 「허응당 보우론」, 『도솔어문』 8, 1992

김영태, 「보우순교의 역사성과 그 의의」, 『불교학보』 29집, 1993

종 범, 「보우대사의 선관」, 『불교사연구』, 중앙승가대학교 불교사학연구소, 1997

박영기, 「조선 명종조 度僧·僧科制에 대한 고찰」, 『미천 목정배박사 화갑논총, 미래불교의 방향』, 장경각, 1997

박영기, 「虛應堂 普雨 硏究」, 동국대학교 박사학위논문, 1998

길봉준, 「虛應堂 普雨大師 詩文學 攷」, 동국대학교 석사학위논문, 1998

강석근, 「虛應堂 普雨의 一正論과 不二的 世界觀」, 『불교어문논집』 5, 2000

강석근, 「虛應堂 普雨의 山居詩」, 『불교어문논집』 6, 2001

강석근, 「虛應堂 普雨의 金剛山詩」, 『불교어문논집』 8, 2003

이원섭, 「조선 불교의 탄압을 온몸으로 버티어 온 허응당 보우」, 『선문화』 30, 2003

박영기, 「퇴계의 벽이단론과 보우선사」, 제2회 한국불교학결집대회, 2004

권동순, 「虛應堂 普雨의 詩에 대한 考察」, 성균관대학교 석사학위논문, 2004

황인규, 「懶庵普雨의 생애와 불교계 문도」, 『동국사학』 40, 동국사학회, 2004

황인규, 「懶庵普雨와 조선 불교계의 고승」, 『보조사상』 24, 보조사상연구원, 2005

이병욱, 「허응당 보우의 사상 구조」, 『한국선학』 12, 한국선학회, 2005

김기영, 「虛應堂 普雨의 儒佛關係論 고찰」, 『한국불교학』 43, 2005

정혜정, 「虛應堂 普雨의 '一正論'과 그 사상적 의의」, 『동양철학』 23, 한국동양철학회, 2005

김상일, 「虛應堂 普雨의 儒,佛一理論과 詩世界 연구」, 『불교학보』 48, 2008

박상현, 「虛應堂 普雨의 修行과 佛敎中興 硏究」, 동국대학교 박사학위논문, 2009

한보광, 「虛應堂 普雨禪師의 『勸念要錄』 연구」, 『한국불교학』 53, 한국불교학회, 2009

이연정, 「虛應堂 普雨大師의 詩世界 硏究」, 선문대학교 석사학위논문, 2009

한보광, 「虛應堂 普雨禪師의 淨土觀」, 『한국불교학』 56, 2010

고영섭, 「虛應普雨의 불교중흥 - '一定論'과 '一定'의 응축과 확산」, 『한국불교학』 56, 2010

이봉춘, 「보우의 불교사상과 佛·儒 융합조화론」, 『한국불교학』 56, 2010

신경훈, 「허응당 보우 시의 현실인식과 대응 양상-유,불 회통을 중심으로」, 『사림 어문연구』 20, 2010

이천효, 「허응당 보우의 一正論에 대한 심학적 분석」, 『동부산대학 논문집』 29, 2010

손성필, 「허응당 보우대사의 불교사적 위상에 대한 새로운 이해」, 『허응당 보우대 사 학술논집』, 봉은사, 2013

김은영, 「허응당 보우의 교육사상 연구」, 『허응당 보우대사 학술논집』, 봉은사, 2013

이명호, 「허응당 보우대사의 불이사상 연구」, 『허응당 보우대사 학술논집』, 봉은사, 2013

박선영, 「명종대 왕실발원불화의 발달에 있어 보우대사의 영향 연구」, 『허응당 보 우대사 학술논집』, 봉은사, 2013

박종수, 「16세기 종교지형 속 보우대사에 대한 이해와 현대적 재평가」, 『허응당 보 우대사 학술논집』, 봉은사, 2013

• **학술회의**

제1회 봉은학술세미나(불기 2536. 11. 7, 인터콘티넨탈 호텔), 주제: 「허응당 보우 대사의 재조명」

제50회 전국불교학술대회(2009.11. 28, 동국대 학술문화관, (사)한국불교학회), 주제: 「조선중기 불교중흥과 그 주역들」

봉은사 개산 1219주년 보우대사 학술세미나(2013. 10. 2, 봉은사 보우당),
   - 허응당 보우대사 순교 448주년 학술논문대전

• **허응당보우사상연구회**

http://cafe.daum.net/GreatMasterBowoo